Introduction to public economics

公共経済学入門

西垣泰幸 編著
坂本真子
朝日幸代
中村玲子
藤澤宜広

八千代出版

執筆者紹介（執筆順）

西垣泰幸　龍谷大学教授　　　　　第1章、第9章3・4
坂本真子　近畿大学助教授　　　　第2章、第3章1～3、第6章3～5
朝日幸代　四日市大学助教授　　　第3章4・5、第4章、第9章1・2
中村玲子　龍谷大学講師　　　　　第5章
藤澤宜広　龍谷大学専任講師　　　第6章1・2、第7章、第8章

はしがき

　公共経済学は、中央政府や地方政府などの政府活動を経済学的に分析することを目的としている。政府の活動は、経済の成長や経済生活の高度化とともに拡大することが知られている。日本を含む多くの先進諸外国では、国民経済に占める政府の経済活動は無視できない割合となっているが、これらの基本的に市場を中心として営まれている経済に、公共部門の活動が大きな比重を占める状況は、古くから「混合経済」と呼ばれてきた。日本についてみると、公共部門の経済活動は、現在、GDPの約3分の1を占めている。ヨーロッパ諸国は総じて公共部門への依存度が高く、ドイツや北欧諸国などすでにGDPの半分を超えているところもある。

　このような政府活動の役割や意義について、財政学では「政府の3機能」という概念によりとらえられてきた。その1番目は、「資源配分の機能」と呼ばれ、公共財・サービスなど、さまざまな理由から市場においてはまったく供給できないか、あるいは効率的な供給が困難な財を提供する政府の役割である。2番目は、「所得再分配機能」と呼ばれ、市場経済の成果の配分に任せておいたのでは過度な不平等が生じがちな所得分配に対して、租税や社会保障などを用いて再分配を行う機能である。3番目は、「経済安定化機能」と呼ばれ、景気循環の波を繰り返し、不況の時には失業が発生したり、好況の時には過度なインフレが発生するなど不安定になりがちな市場経済に対して、公共投資や減税などのマクロ経済的な手段を用いて経済を安定化させる役割である。

　これらの政府に期待される役割を、公共経済学では「市場の失敗」との関係で、「政府活動の根拠」という概念によりとらえている。その内容は、財政の3機能における市場の補完機能としての「公共財の供給」、「所得の再分配」に加えて、公害や環境問題など市場の守備範囲の外にある問題、いわゆる「外部経済効果」への政府の政策的介入の必要性を指摘した「外部性」の

問題や、公企業や公益事業など巨大な設備が必要となる産業分野にみられる「費用逓減現象」に対して、「公共料金」や「公的な規制」などによる政策介入の必要性がそれである。これらに加えて、公共的意思決定や政策立案のための「公共選択」の議論が公共経済学の主要な分野となっている。

　公共経済学の分野に多くの学問的蓄積を供給してきたアメリカでは、財政学 (Public Finance) と公共経済学 (Public Economics) をあわせて、公共部門の経済学 (Public Sector Economics) という科目名で、公共部門の制度、現実から、公共部門の経済活動の理論的側面、公共政策までを幅広く取り扱っている例が多いようである。わが国では、公共経済学は、学部教育の発展的科目の一つとして、理論経済学や金融論、財政学などの基礎的な科目を一通り履修し終えた後の、どちらかというと応用的科目として配置されていることが多い。そのような関係からか、公共経済学は、理論的な考究に偏りがちな分野という印象を持たれることも多く、経済学部の中では、数理経済学などと並んで、学生には「取付きにくい科目」というありがたくない評価を受けていることもしばしば耳にする。

　本書では、現実の公共部門が直面する問題との関係で議論を整理しやすいように、公共部門の諸制度の解説や、現実のデータを用いて理論的な考察をできるだけ補完することを目標とした。数式の使用は概念整理のための最低限のものに抑え、できるだけわかりやすいグラフを使用したり、現実の諸問題との関連で説明することを心がけた。さらに、読者の理解の助けとなるよう、重要な概念や基本用語については、文中で適切な解説を行うとともに巻末に用語解説集としてまとめている。

　さらに、公共経済学は、公務員試験などの国家試験や ERE（経済学検定試験）などの諸種の試験においても、ミクロ経済学分野と財政学分野の両方にまたがって、比較的出題数の多い分野であるといわれている。また、大学院入学試験などの問題にもかなりの出題がみうけられる。本書では、できる限りこれらの分野のエッセンスを取り扱うとともに、各章の終わりに演習問題をのせて、読者が本文の理解を確かめたり、公共経済学の諸問題をより深く

考えるための手助けとした。

　多岐にわたる公共経済学の内容を、とくに、本書のような入門書の枠組みの中にとどめることはかなりの無理が伴う。しかも、簡潔でわかりやすくという矛盾した要求を同時に満たそうとする欲張った狙いもどこまで成功したかは、いささか疑問が残るところである。本書における数々の不備の点については、講義を担当される方で適宜補足され、訂正していただければ幸いである。また、学生諸君の方でも、簡潔な叙述の部分や本書の範囲を越える一層進んだ諸概念については、他の書物にあたるなどして勉強を進めていただければ幸いである。

　本書は、日ごろ編者と研究会や共同研究をともにしている若手の研究者が集まって執筆したものである。編者の無理な要求を受け入れ、ご協力いただいた執筆者の方々に感謝するとともに、本書の刊行にあたり多大のご尽力をいただいた八千代出版株式会社企画部山竹伸二氏ならびに同社編集部の中澤修一氏に対して心より謝意を表したい。

　　2003 年 8 月　　　　　　　　　　　　　著者代表　西垣 泰幸

目　次

はしがき

第1章　公共部門の現状と課題 ───────────── 1

1　わが国の公共部門…… *1*

2　公共支出と公共サービスの現状…… *5*

3　公共部門の収入と財政赤字…… *11*

4　国民負担率：政府活動を支える国民の負担…… *14*

5　現代経済と環境問題…… *15*

6　公益事業と公共料金の現状…… *18*

7　所得分配と社会保障制度の現状…… *20*

8　地方分権：国と地方の財政関係…… *24*

第2章　市場の効率性と市場の失敗 ───────────── 29

1　市場経済と市場均衡…… *29*

2　効率性の尺度：経済余剰とパレート最適性…… *33*

3　厚生経済学の基本定理…… *38*

4　市場の失敗…… *39*

5　所得分配…… *41*

第3章　公共財の理論と現実 ───────────── 45

1　公共財の定義と市場の失敗…… *45*

2　公共財の最適供給…… *48*

3　公共財供給のためのメカニズム
　　：ナッシュ解、リンダール解、クラーク解…… *51*

4　費用便益分析……*53*
　　　5　社会資本……*59*

第4章　外部性と環境政策 ─────────── *65*
　　　1　外部効果の定義と市場の失敗……*65*
　　　2　当事者間交渉による解決……*70*
　　　3　外部性をめぐる公共政策……*75*
　　　4　環境問題と環境政策……*81*
　　　5　地球規模の環境問題……*84*

第5章　公共料金と規制緩和 ─────────── *87*
　　　1　はじめに……*87*
　　　2　費用逓減産業と自然独占……*88*
　　　3　望ましい料金体系……*93*
　　　4　現実の料金体系……*98*
　　　5　参入規制と競合可能市場……*104*
　　　6　自然独占の競争と規制……*105*

第6章　所得分配と租税、社会保障政策 ─────────── *111*
　　　1　所得分配と市場の失敗……*111*
　　　2　所得再分配政策の理念……*115*
　　　3　医療保険、介護保険、公的年金……*120*
　　　4　租税による所得の再分配……*125*
　　　5　公債の経済効果と世代間負担……*127*

第7章　公共選択と政治過程 ─────────── *135*
　　　1　合意の形成と公的意思決定メカニズム……*135*
　　　2　投票メカニズム……*138*

目　次　v

3　政党政治：政党間競争モデル……*147*

第8章　政府の失敗─────────────────*153*
　　　1　市場の失敗と政府の失敗……*153*
　　　2　利益集団とレントシーキング……*155*
　　　3　官僚行動モデル……*164*

第9章　地方分権とニュー・パブリック・マネジメント─────*171*
　　　1　地方分権の経済理論……*171*
　　　2　最適な地域規模……*178*
　　　3　ニュー・パブリック・マネジメント……*180*
　　　4　PFIとエイジェンシー化……*185*

参考文献……*193*
練習問題の解答……*198*
重要用語解説……*205*

第1章

公共部門の現状と課題

1　わが国の公共部門

　本書は、公共部門の経済活動を基礎理論と現実、およびその政策的な側面から明らかにすることを目的としている。広範かつ多岐にわたる現代の公共部門の現実的なイメージを把握しておくことは、本書をより深く理解するために有益であろう。本章では、公共部門の範囲と規模、公共部門の経済活動の内容、その現状と課題を、現実のデータを用いて、経緯、現状、国際比較などの観点からみていこう。

　公共部門の経済活動は、広範かつ多岐にわたっており、公共部門の範囲と規模をみるためにはいくつかの視点からの検討が必要となる。まず、公共部門は法律の枠組みにおいて活動しており、その意味で公共部門の経済活動の制度的枠組みは法に規定されるものと理解することができよう。他方、公共部門の経済活動に財政的・資金的根拠を与えるものが財政システムであり、それは政治的な手続きを経て決まる財政制度に多くの部分を依拠している。財政システムの支出の側面は、予算制度であり、財政システムの歳入面において重要な要素となっているのが租税システムである。以上に加えて、財政制度改革議論の焦点となっている財政投融資制度から財政システムが構成されている。

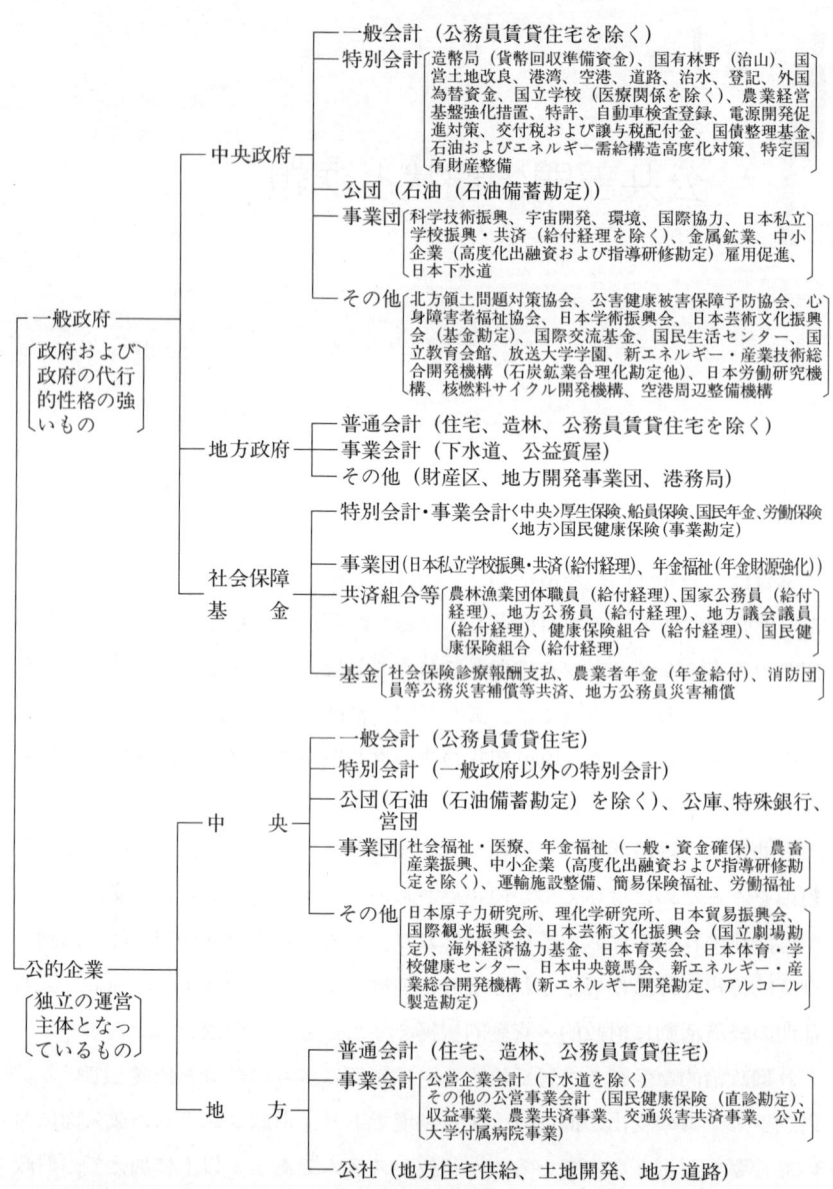

図1-1　国民経済計算における公共部門

出所：加藤（2002）。

公共部門の制度的枠組みから概観していこう。図1-1は、わが国の経済活動全般を計数的に把握する際に用いられる、SNA体系における政府の範囲と分類を示したものである。そこでは、政府活動を一般政府と公的企業とに大別している。このうち、一般政府の中心的な部分として中央政府の一般会計と地方政府の普通会計がある。これは経常的な支出を主として租税によりまかなう会計であり、行政的な要素が強い活動や、事業的な活動であってもサービスの対価の支払いを必要としない活動を総括する予算である。これに対し、特別会計は特定の事業、特定資金の運用、特定の歳出を特定の歳入によりまかなうものについて独立に区分して立てられる会計である。これは、少数の例外を除けば租税により調達されることはなく、特定の政策目標を達成するため、あるいは他とは独立した資金勘定の運営を行うなどいくつかの目的を持つ。社会保障会計では、社会保険料により給付がなされ、特別会計により資金運用が行われている。政府が保障する社会保障給付を目的としているので、行政的色彩が強く、一般政府の活動の中に組み入れられている。

　公的企業は、公企業とも呼ばれ、製品・サービスを販売しその収入により独立採算を行っている。かつて公的企業として国有鉄道、電信電話公社、専売公社などがあったが、1980年代後半の財政改革の中で民営化が行われた。また、後述する財政投融資の改革や郵便貯金の民営化などの議論の中で、郵便事業、郵便貯金、簡易保険などの郵政3事業が郵政公社として新たに公的企業となった。その他、政府関係機関としては日本政策投資銀行などの公的金融2銀行と9公庫、都市基盤整備公団など16法人がある。

　財政投融資制度は、政府予算とともに国会の審議、承認が必要となるものであり、第2の予算とも呼ばれている。これは、公共部門を通じる資金の流れをコントロールし、公共部門が行う金融仲介を目的とした制度である。財政投融資による貸付けは、一般的に市場金利より低い水準で行われ、政策的意図を持って特定の分野に資金を誘導したり、公共投資に含められる公団などの投資計画が財政投融資にも影響されており、公共投資の規模や配分に政策的な影響力を持っている。近年、郵便貯金や公的金融の民間金融との競合

○改革前

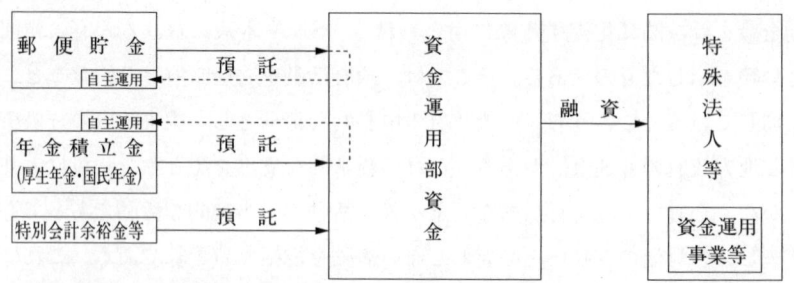

注：改革前の財政投融資の原資には、上記の資金運用部資金の他、簡保資金、産業投資特別会計、政府保証債がある。

○改革後

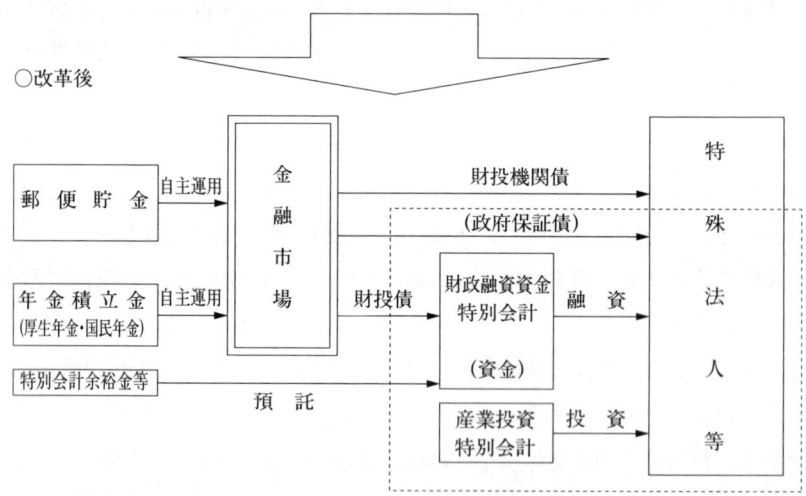

注：財政投融資には、上記の他、郵便貯金資金および簡保積立金の地方公共団体への貸付けがある。

図1-2　財政投融資の新しい仕組み

出所：加藤（2002）。

や特殊法人の見直しの議論を経て、財政投融資制度の改革が行われ、資金の吸収の仕組みを大きく変更する新しいシステムが構築された。これを示したのが図1-2である。

　まず、改革前のシステムの特徴は、資金の供給側面からみると、郵便貯金と公的年金などの積立金が資金運用部に預託され、この資金運用部資金と郵

政事業が行う簡易保険の資金が、毎年財政投融資計画として政府系金融機関と公団などに配分され投融資されてきた。今回の財政投融資システム改革の最大の焦点は、郵便貯金や年金が自主的に市場を通じて余裕資金を運用し、預託義務をなくし金融市場の市場原理に従って運用される枠組みをつくることであった。資金運用部は、国債の一種としての財投債を発行して資金調達することになった。政府金融機関や公団などの特殊法人は、自らの財投機関債を発行することとなり、それが困難な場合に、政策コスト、償還の確実性、民業補完の観点を精査した後、財投債による資金調達を認めることとした。

2 公共支出と公共サービスの現状

　先にみたように、公共部門の経済活動はきわめて複雑かつ多岐にわたっている。その活動を行政的な公共サービスを中心とする政府活動に限定しても、中央政府と地方政府（地方公共団体）に分かれ、さらに地方政府は都道府県と市町村とからなる。経済活動の観点からみても、主として公共サービスの提供を行う行政サービスから、企業経営の形をとった公企業、また、融資・出資のような公的金融活動をも含んでいる。以下では、このような多岐にわたる公共部門の活動を、統計的な観点からその規模と活動内容についてみて概観していこう。

　公共部門の活動が経済全体に占める比重を、国民経済計算における諸指標から明らかにしよう。図1-3は、SNA体系における公的部門の取り扱いをみたものである。SNAにおいては、国民経済を大きく、家計、企業、政府の3部門に分けてそれらの経済活動を集計している。「公的部門」は、さらに、「一般政府」と「公的企業」とに分類される。このうち、一般政府は、さらに、「中央政府」、「地方政府」、「社会保障基金」とに分けられるが、財・サービスの生産者として「政府サービス生産者」に分類されている。これは、私的な生産部門では供給されないような公共サービスを、無償、もしくは生産コストを下回る価格で社会に供給する主体ととらえられる。他方、

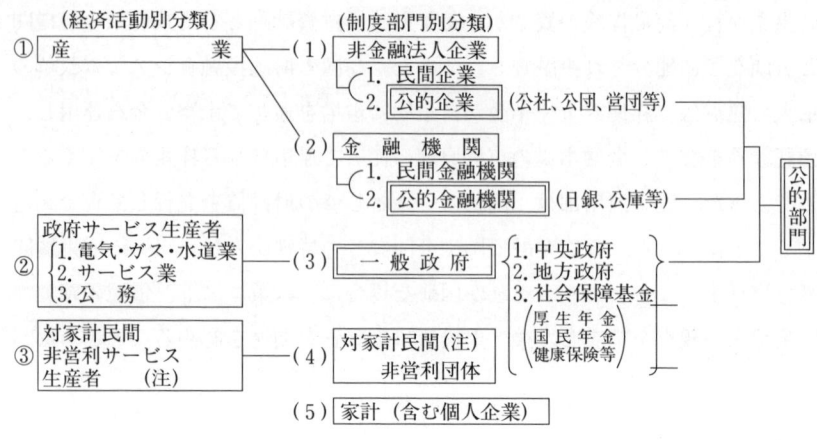

図 1-3　SNA における取引主体と公的部門

注：他の方法では効率的に提供しえない社会的、公共的サービスを利益追求を旨とすることなく家計へ提供する団体を対家計民間非営利団体といい、これを生産者として把握する場合、対家計民間非営利サービス生産者と呼ぶ。具体的には、労働組合、政党、宗教団体等の他、特定の病院および私立学校のすべてがこれに含まれる。

出所：加藤（2002）。

「公的企業」は、法人格を持つ「公的法人企業」に加えて、印刷、造幣、郵政などの国の特別会計や地方の事業会計の一部を含む。これらは、「公的金融機関」とともに産業活動の中に含まれている。

　表1-1は、国民経済計算における政府活動の各項目の国民所得に占めるシェアを時系列にして示したものである。政府支出のうち「最終消費支出」は、財・サービスの購入という形で政府が支出した部分を示すが、1970年代にその比重が高まり、近年では一貫して10％台後半を推移している。これに対して、社会保障の諸給付として移転された「社会保障移転」については、高齢化社会の到来を反映して、近年、一貫して増加の傾向をたどっている。公共投資のために支出された「資本支出」は、1980年代以降やや低下したが、1990年代以降の不況対策を反映して若干増加し、その後、低下の傾向にある。

　このような指標を先進諸外国のそれと比較することにより、わが国の政府

表1-1 国内総支出に占める政府活動のシェア

（単位： 1934-36年平均 百万円 / 1949年度以降 億円）

年　度	国内総支出	政　府　支　出							社会保障移転	
		計		最終消費支出		資本支出				
	金　額(A)	金　額(B)	金　額(C)	(C)/(A)	(C)/(B)	金　額(D)	(D)/(A)	(D)/(B)	金　額(E)	(E)/(A)
1934-36平均	16,736	3,128	2,594	(%) 15.5	(%) 82.9	534	(%) 3.2	(%) 17.1	263	(%) 1.6
1949年度	33,752	6,924	3,938	11.7	56.9	2,986	8.8	43.1	582	1.7
70	752,985	117,305	56,469	7.5	48.1	60,836	8.1	51.9	35,364	4.7
75	1,523,616	294,649	152,615	10.0	51.8	142,034	9.3	48.2	118,260	7.8
80	2,455,466	472,834	241,224	9.8	51.0	231,610	9.4	49.0	249,082	10.1
85	3,299,793	671,743	453,662	13.7	67.5	218,081	6.6	32.5	357,639	10.8
87	3,619,665	746,804	500,660	13.8	67.0	246,144	6.8	33.0	409,071	11.3
88	3,878,335	769,700	523,493	13.5	68.0	246,207	6.3	32.0	426,030	11.0
89	4,169,049	823,669	558,125	13.4	67.8	265,544	6.4	32.2	450,226	10.8
90	4,505,324	889,504	597,246	13.3	67.1	292,258	6.5	32.9	487,237	10.8
91	4,746,266	946,815	633,208	13.3	66.9	313,607	6.6	33.1	515,321	10.9
92	4,831,886	1,042,529	669,362	13.9	64.2	373,167	7.7	35.8	551,353	11.4
93	4,875,278	1,106,009	695,307	14.3	62.9	410,702	8.4	37.1	579,792	11.9
94	4,922,658	1,130,458	722,277	14.7	63.9	408,180	8.3	36.1	616,223	12.5
95	5,019,603	1,189,791	752,881	15.0	63.3	436,910	8.7	36.7	656,814	13.1
96	5,152,489	1,201,969	779,437	15.1	64.8	422,532	8.2	35.2	684,094	13.3
97	5,201,774	1,194,789	796,185	15.3	66.6	398,603	7.7	33.4	702,402	13.5
98	5,132,447	1,204,931	809,866	15.8	67.3	395,065	7.7	32.8	725,397	14.1
99	5,143,487	1,218,540	835,033	16.2	68.4	383,507	7.5	31.5	756,550	14.7
00	5,130,061	1,215,425	866,917	16.9	71.3	348,508	6.8	28.7	789,959	15.4
01	5,006,000	—	887,000	17.7	—	—	—	—	826,813	16.5
02	4,962,000	—	903,000	18.2	—	—	—	—	841,788	17.0

注：1）1934-36年平均および1949年度は国民総支出、1970年以降は国内総支出である。
　　2）2000年度までは実績、2001年度および2002年度は「2002年度経済見通し」による実績見込額および見通し額。
　　3）1934-36年平均および1949年度は旧推計による。
　　4）1970-80年度は68 SNA（1990年基準）、1985年度以降は93 SNA（1995年基準）による計数。
出所：財務省主計局調査課（2002）。

活動の特徴をより鮮明に把握することができる。表1-2は政府規模の国際比較を示したものである。まず、一般政府の総支出の比較においては、わが国はアメリカ合衆国とヨーロッパ諸国の中間的な位置にある。ところが、一般政府最終消費支出についてみると、わが国の比率は先進諸外国より大幅に低いものとなっている。逆に、わが国の政府資本形成の比率は6％となってお

表1-2 政府規模の国際比較

国	政府最終消費支出	うち人件費	一般政府総固定資本形成	社会保障移転	うち医療等	うち年金、失業給付等	その他	うち利払費	うち土地購入(純)	うち補助金	合計(一般政府総支出)	75年からの変化
国内総生産比 (%)												
日本 1975	10.0	8.4	5.3	7.8	3.2	4.4	3.6	1.2	0.7	1.4	26.7	9.7
日本 2000	16.9	6.7	5.1	10.0	5.4	10.0	4.4	3.3	0.8	0.8	36.4	
アメリカ 1975	18.6	—	2.1	11.1	—	—	1.3	2.4	0.1	0.3	33.1	△2.7
アメリカ 1999	14.3	—	3.3	10.8	—	10.8	2.0	3.9	0.1	0.5	30.4	
イギリス 1975	22.0	—	4.7	9.9	—	—	8.6	3.9	—	3.5	45.3	△7.3
イギリス 1999	18.5	7.5	1.1	13.5	—	13.5	4.8	3.0	△0.1	0.6	38.0	
ドイツ 1975	20.5	11.4	3.6	17.6	—	—	6.6	1.3	0.2	2.0	48.3	△2.4
ドイツ 1999	19.0	8.3	1.8	18.9	—	18.9	6.1	3.5	△0.1	1.7	45.9	
フランス 1975	16.6	—	3.7	17.4	—	—	5.7	1.2	0.2	1.9	43.4	6.2
フランス 1999	23.4	13.6	2.9	18.3	—	18.3	5.0	3.2	0.1	1.3	49.6	
スウェーデン 1975	23.8	16.4	4.3	14.2	—	—	5.5	2.2	0.0	3.1	47.8	7.3
スウェーデン 1999	26.9	16.5	2.8	18.9	—	18.9	6.5	5.0	△0.3	2.0	55.1	

注：1）日本は年度、諸外国暦年ベース
　　2）一般政府とは、国・地方および社会保障基金といった政府あるいは政府の代行的性格の強いものの総体（独立の運営主体となっている公的企業を除く）。
　　3）一般政府総支出は、経常支出と純資本支出の合計である。
　　4）中央政府、地方政府、社会保障基金それぞれの総支出は、他の一般政府部門への移転を控除している。
出所：大蔵省財務協会（2002）。

り他の先進諸外国と比較して2倍以上であり、これがわが国の政府の総支出を押し上げている原因の一つとなっている。また、社会保障支出については、高齢化社会の進展を反映して、わが国の比率は1975年から2000年にかけて急増している。この値は、ヨーロッパ諸国より低いものの、すでにアメリカに近いものとなっている。さらに、今後、本格的な高齢化社会が到来するにつれて、この値はますます大きなものとなることが予想されている。また、国債のための利払い費に関しては、現時点においては3.8％と先進諸外国並みとなっているが、1990年代以降の大量公債発行を反映して、今後、社会保障支出とともに、一般政府の総支出を大きく押し上げることが心配されている。

次に、公共支出がどのような公共財・サービスに割り当てられているのか

表1-3 一般会計予算主要経費別分類（構成比）の推移

（単位：億円，％）

年度 区分	1980年度	1990年度	2002年度	2000年度	2001年度	2002年度	2000→2001	伸率	2001→2002	伸率
国債費	53,104	142,886	166,712	219,653	171,705	166,712	▲47,948	▲12.8	▲4,993	▲2.9
地方交付税交付金	65,452	152,751	161,080	140,163	159,211	161,080	19,048	13.6	1,868	1.2
地方特例交付金	—	—	9,036	9,140	9,018	9,036	▲122	▲1.3	18	0.2
産業投資特別会計へ繰入〔事業分 債還分〕	—	13,000 13,000	—	—	—	—	—	—	—	—
一般歳出	307,332	353,731	475,472	480,914	486,589	475,472	5,675	1.2	▲11,117	▲2.3
社会保障関係費	82,124	116,148	182,795	168,251	176,156	182,795	7,906	4.7	6,638	3.8
文教及び科学振興費	45,250	51,129	66,998	65,285	66,472	66,998	1,187	1.8	526	0.8
恩給関係費	16,399	18,375	12,727	14,256	13,562	12,727	▲694	▲4.9	▲835	▲6.2
地方財政関係費	8,425	—	—	—	—	—	—	—	—	—
防衛関係費	22,302	41,593	49,560	49,358	49,553	49,560	195	0.4	7	0.0
公共事業関係費	66,554	62,147	84,239	94,324	94,335	84,239	12	0.0	▲10,096	▲10.7
経済協力費	3,826	7,845	8,566	9,842	9,562	8,566	▲280	▲2.8	▲996	▲10.4
中小企業対策費	2,435	1,943	1,861	1,949	1,959	1,861	11	0.5	▲98	▲5.0
エネルギー対策費	4,241	5,476	5,694	6,352	6,139	5,694	▲213	▲3.4	▲445	▲7.2
食糧管理費	9,556	3,952	—	—	—	—	—	—	—	—
食糧安定供給関係費	—	—	7,297	6,835	6,952	7,297	100	1.5	344	5.0
産業投資特別会計へ繰入	—	—	1,455	1,595	1,537	1,455	▲58	▲3.6	▲82	▲5.3
その他の事項経費	42,721	41,622	50,781	54,350	53,861	50,781	▲489	▲0.9	▲3,080	▲5.7
公共事業等予備費	—	—	0	5,000	3,000	0	▲2,000	▲40.0	▲3,000	▲100.0
予備費	3,500	3,500	3,500	3,500	3,500	3,500	—	—	—	—
決算不足補てん繰戻	—	—	—	—	—	—	—	—	—	—
合計	425,888	662,368	812,300	849,871	826,524	812,300	▲23,347	▲2.7	▲14,224	▲1.7

注：1) 計数は，それぞれ四捨五入によっているので，端数において合計とは合致しないものがある。
2) 「防衛関係費」のうちSACO関係経費は，2000年度140億円，2001年度165億円，2002年度165億円であり，これを除いた「防衛関係費」は，2000年度49,218億円，2001年度49,388億円，2002年度49,395億円となる。
3) 1990年度以前は発表ベース，2000年度以降は組み替え後の数字とする。
4) 1980年度の地方財政関係費は，地方交付税交付金を除いた額である。

出所：加藤（2002）。

を、公共支出の内訳をみることにより検討しよう。表1-3は一般会計予算の主要経費別分類の推移を示している。一般会計予算を主要経費別にみると、社会保険、福祉などに対する社会保障費、地方政府への地方交付税交付金、過去に発行された国債の利払い、償還のための国債費などの値が高くなっている。なかでも、国債費という過去の国債のための支出が大きな値を占めていることは、現時点での政策的な施策に使う予算が少なくなるという意味で「財政の硬直化」が進展しているといわれている。道路整備や住宅都市環境などの社会資本への投資である公共事業費、文教および科学振興、防衛などの項目がこれらに続いている。

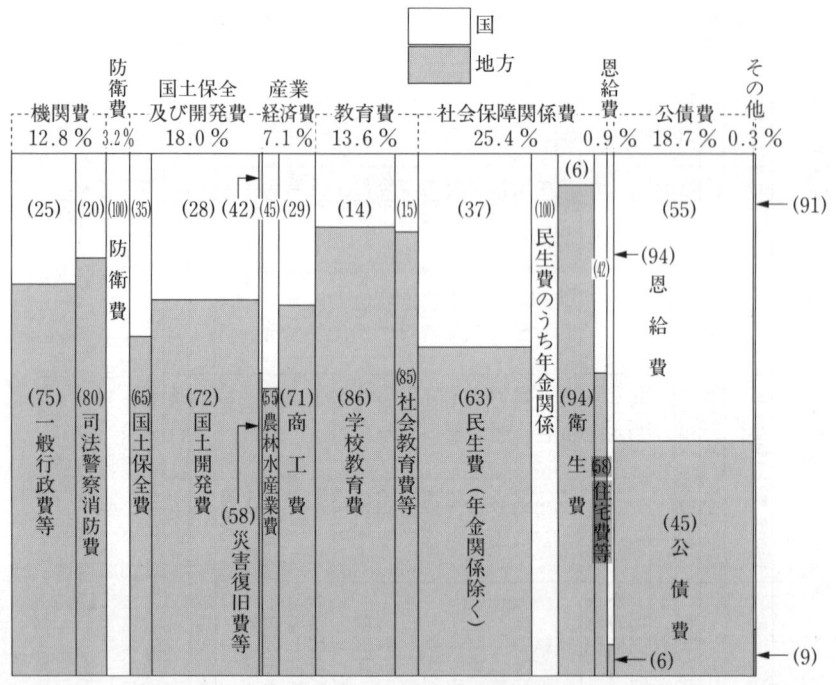

図1-4 中央政府と地方政府の歳出規模（純計）

注：（　）の内の数値は、目的別経費に占める国・地方の割合を示す。
出所：総務省（2003）。

図1-4は、目的別経費を、中央政府と地方政府の歳出の純計に占める中央政府と地方政府のシェアを示したものである。そこにおいて、公債費、社会保障関係費、防衛費などの項目は中央政府の支出比率が高くなっているが、教育、国土保全および開発、一般行政費などの項目では地方政府のシェアが高くなっている。このように、中央政府は便益の及ぶ範囲が広い公共財・サービスや所得分配関連の経費（社会保障）、経済安定化政策の財源となる公債費などの支出を行い、地方政府はより地域、住民密着型の公共財・サービスを提供していることがみてとれる。

3　公共部門の収入と財政赤字

　次に、公共部門の収入についてみていこう。政府の経常支出をまかなう主要な項目として租税収入があげられる。図1-5は中央政府と地方政府の租税収入の構成を示したものである。そこでは、中央政府の徴収する国税と地方政府の地方税との比率はおよそ6：4となっている。中央政府の税収においては、所得税、法人税などの個人や法人企業などに対する直接税が大きな部分を占めており、消費税、揮発油税などの財・サービスの購入者が支払う間接税は約4割にとどまる。また、地方政府の税収でも、個人や法人企業が支払う住民税、土地や建物などに対する固定資産税、事業税など直接税の比重が大きくなっており、消費税の一部である地方消費税、軽油引取税などの間接税は約2割となっている。税収に占める直接税と間接税の比率は**直間比率**と呼ばれるが、わが国の直間比率は約7：3となっており、消費課税の比重が高いヨーロッパ諸国のそれと比べて直接税依存型となっている。また、中央政府の徴収する国税と地方政府の地方税との比率はおよそ6：4となっており、税収の側面では中央政府のシェアが大きいが、後にみるように、支出の側面では政府の総支出の約6割が地方政府の支出となっている。このような、中央政府と地方政府の収入と支出構造のギャップは地方交付税交付金、国庫支出金などによって調整されているが、中央政府の税源を地方政府に委

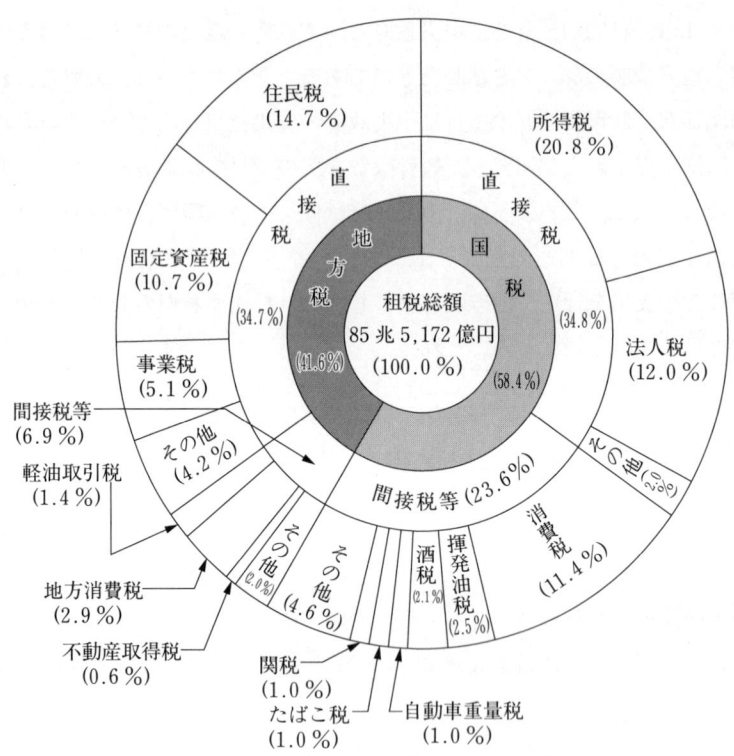

図1-5　中央政府と地方政府の税収構成
出所：総務省（2002）。

譲するなどの見直しが、今後、地方分権を推進していくうえで大きな課題となっている。

　近年、長引く経済不況の中で歳入不足と景気対策のための公共支出増を反映して、公共支出の一部を公債の発行によりまかなうという赤字財政が大きな問題となっている。図1-6は公債残高の推移を示したものである。公共支出の中でも、将来にわたって便益を発生するような公共投資に関しては、経費を公債の発行によりまかない、その負担を将来世代に先延べするために「建設公債」が用いられている。財政赤字との関係で問題となるのは、主に景気対策などの財源を調達するための特例公債（赤字公債）である。近年の

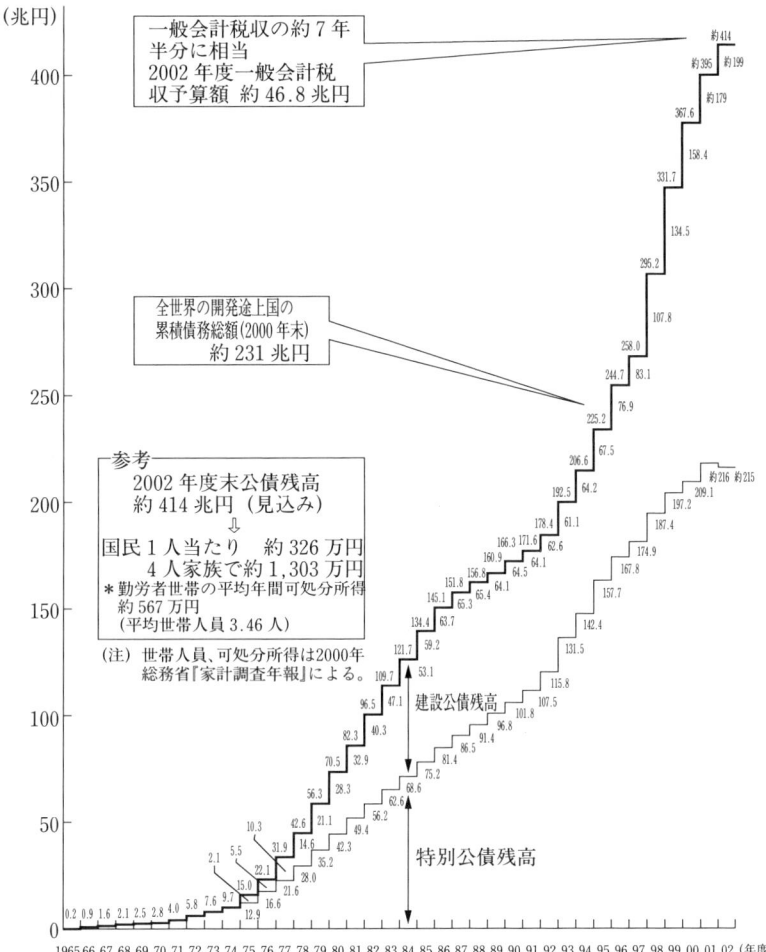

図1-6　公債残高

注：1）公債残高は各年度の3月末現在額、ただし、2001年度、2002年度は見込み（2001年度は2002年度借換国債の2001年度における発行予定額（約7兆円）を含む）。
　　2）特別公債残高は、国鉄長期債務、国有林野累積債務の一般会計承継による借換国債を含む。

出所：加藤（2002）。

不況下において、税収の不足を補うために毎年30兆円以上もの公債が発行されており、その残高は建設公債、特例公債を合わせて400兆を超えている。この他、政府の借入金や短期債務である短期証券などを合計した政府債務の残高は2002年度末で700兆円に及ぶといわれている。

4　国民負担率：政府活動を支える国民の負担

　これまでみてきたように、政府活動に伴うさまざまな支出を支えているのは、租税収入や社会保障の保険料であった。これらの値を国民所得の比率により示したものが、租税負担率［(国税＋地方税)／国民所得］、社会保障負担率（社会保険料／国民所得）であり、これら2つを合計して**国民負担率**（租税負担率＋社会保障負担率）と呼ばれている。わが国についてみると、2002年度において租税負担率22.9％、社会保障負担率15.5％となっており、国民負担率は38.3％となっている。この値を約10年前の1991年のものと比較してみよう。1991年には、租税負担率27.6％、社会保障負担率11.3％、国民負担率38.9％となっており、国民負担率は大きく変わっていないものの租税負担率は、バブル景気の下で租税の自然増収があった1991年に比べて、不況の下で税収が大きく落ち込んでいることがわかる。また、社会保障負担についてみれば、高齢化社会の進展などにより、この10年間に約1.5倍となったことがわかる。

　国民負担率を国際比較の観点から示したものが図1-7である。この図の中ではスウェーデンが75.4％と最も高くなっており、これにフランスの66.1％、ドイツの56.7％、イギリスの50.0％が続いている。一方、アメリカは35.9％とわずかながらわが国より低くなっている。このように、わが国の国民負担率は現時点では決して高いというわけではなく、租税負担率、社会保障負担率ともにヨーロッパ諸国より低くなっている。ところが、現時点での財政赤字を租税負担率に加えた潜在負担率の観点、さらに、高齢化社会の一層の進展を勘案した将来予測の観点からいえば、わが国の国民負担率は今

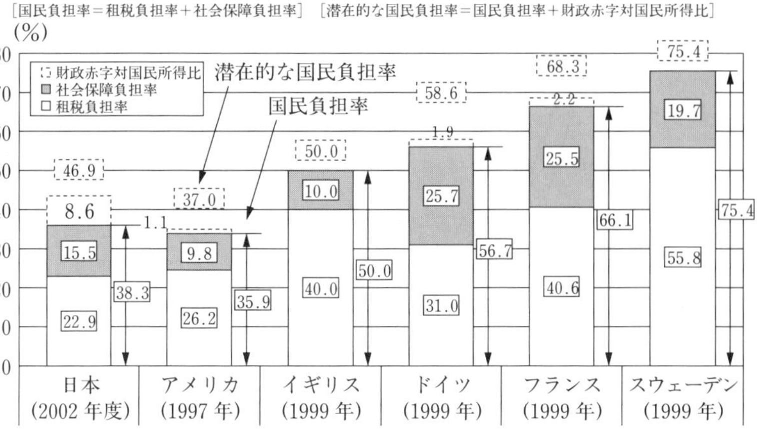

[国民負担率＝租税負担率＋社会保障負担率]　[潜在的な国民負担率＝国民負担率＋財政赤字対国民所得比]

図1-7　国民税負担率の国際比較

注：1）日本は年度ベース見込み。諸外国は暦年ベース実績。
　　2）財政赤字の国民所得比は、日本、アメリカおよびスウェーデンについては一般政府から社会保障基金を除いたベース、その他の国は一般政府ベースである。
出所：大蔵省財務協会（2002）。

後急速に高まり、ヨーロッパ諸国の水準へと近づいていくことが予想されている。

5　現代経済と環境問題

わが国の高度成長は、経済の生産活動水準やGDPの急激な成長をもたらし、それによって国民の平均所得を急速に増大させた。他方、産業活動の活発化に伴って、1960年代終わり頃になるとさまざまな環境汚染、産業公害や自然破壊などの問題が顕在化し、大きな社会問題となった。大気汚染は、そのような公害の中でもとくに深刻な社会問題となっていた。図1-8は、そのような大気汚染の主要な原因となっていた硫黄酸化物、窒素酸化物の濃度の推移を示している。

硫黄酸化物は、硫黄分を含む石油や石炭の燃焼により生じ、四日市ぜん息

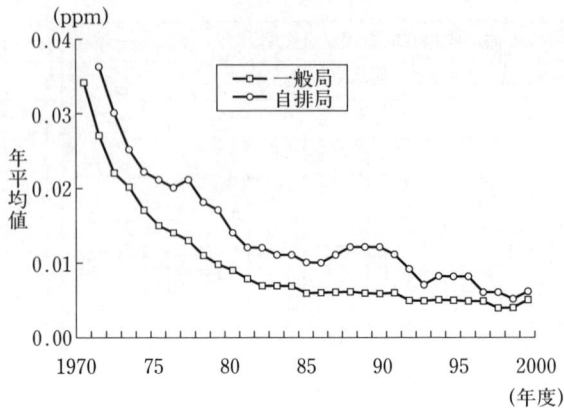

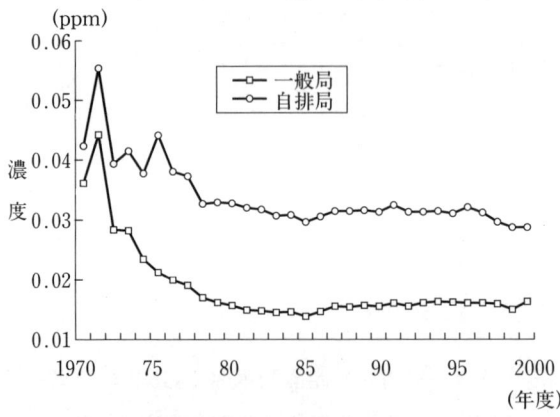

図1-8 硫黄酸化物、窒素酸化物排出濃度の推移
出所：環境省（2002）。

などの公害病や酸性雨の原因とされている。また、窒素酸化物は物の燃焼により生じ、光化学大気汚染や酸性雨の原因となるものである。図1-8では、主に工場などの固定発生源を対象とする一般環境大気測定局（一般局）と、自動車などの移動発生源に関する自動車排出ガス測定局（自排局）について

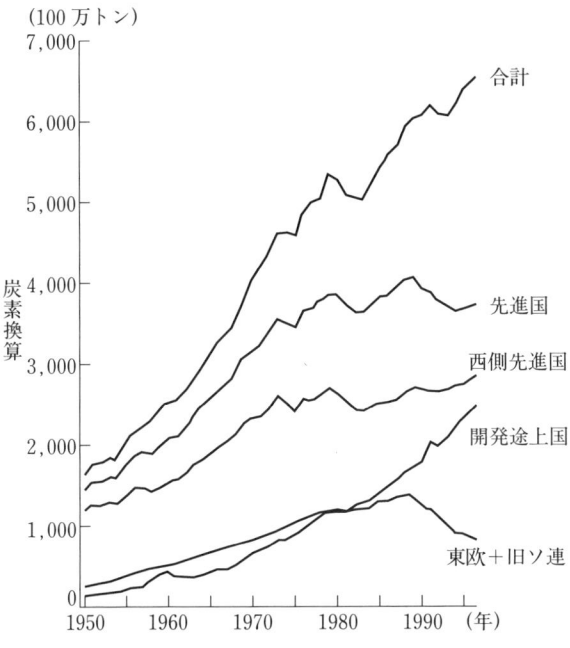

図1-9 世界の二酸化炭素排出濃度の推移
出所：環境省（2002）。

濃度を示している。高度成長期の終盤である1970年頃には、これらの原因物質による大気汚染の濃度は高いものであったが、大気汚染防止法などの法整備やさまざまな環境政策により1980年代以降急速に低下していったことがわかる。

　そのような産業公害、交通公害などに加えて、今日では、地球温暖化など地球規模の環境破壊が問題とされている。地球温暖化の原因とされている温室効果ガスにはCO_2とメタンガスとがあるが、図1-9には、世界のCO_2排出量の推移が示されている。経済開発による産業活動の拡大により二酸化炭素やメタンガスの排出量は増大し、20世紀に経済開発の進んだ北半球において、著しく平均気温を増大させたとの報告もある。地球温暖化により海面の上昇、気候変化による農作物被害、それが原因となる経済格差の拡大など

の世界的な影響が起こっており、今後そのような影響がますます強まることが心配されている。1997年に京都において開催されたCOP 3（気候変動に関する国連枠組み条約第3回締約国会議）において、このような温暖化ガスの排出削減の数値目標を定めた京都議定書が採択された。このように、地球規模の環境問題に対処するため、環境政策の国際協調が必要となっている[1]。

6　公益事業と公共料金の現状

　電気・ガス料金や鉄道運賃、水道料、通話料、郵便料金などは公共料金と呼ばれ、政府や地方自治体がその決定に関与し、料金を規制している。市場経済では、通常の財・サービスの価格は市場の需要と供給の関係で決まる。ところが、これらの産業においては、大規模な固定設備が必要であり、生産規模が拡大するほど平均費用が低下するなど規模の経済性が著しいことなどが原因となって、市場での競争が限られている。そこで、このような財・サービスの安定的な供給と合理的な価格を維持するため、料金規制や参入退出規制などのさまざまな公的規制が実施されてきた。

　表1-4は、そのような公共料金の1992年から2001年にかけての動きを示している。公共料金のウエイトは、平均的な家計の公共料金への支出割合を示しており、2001年度においてそれが18％程度となっていることがわかる。また、1992年から10年間の公共料金の上昇率をみると、公共料金平均では一般物価水準の上昇率より低くなっているが、とくに、国際的価格競争にさらされている財・サービスと比較すると高くなっている。また、わが国の公共料金水準は、先進諸外国より高くなっていることもしばしば指摘されている。

　公共料金の設定方法は、従来、その財・サービスを供給するために必要な諸費用を基礎として算定されることが多かった。ところが、そのような規制方法では、供給者が効率的経営を行う誘因を持ちにくいことや、生産費や経営内容に関して供給者と国民の間に大きな情報格差があり、透明性が確保さ

表1-4 公共料金の推移

〔2000年＝100、全国〕

品　目	ウエイト	1992年	1993年	1994年	1995年	1996年	1997年	1998年	1999年	2000年	2001年
消費者物価指数総合	10,000	96.7	98.0	98.6	98.5	98.6	100.4	101.1	100.7	100.0	99.3
公共料金	1,854	95.3	96.0	96.8	97.6	98.1	100.4	101.2	100.4	100.0	99.8
(内訳)											
電気代	294	106.9	106.5	105.1	104.9	101.9	105.5	101.4	99.4	100.0	98.6
都市ガス代	88	96.6	96.5	95.3	95.5	96.7	101.2	101.2	98.0	100.0	102.4
水道料	100	80.4	83.1	86.5	88.6	91.1	95.6	98.1	99.1	100.0	101.4
公営・公団公社家賃	48	92.4	95.4	98.5	101.5	104.1	104.7	100.8	99.9	100.0	100.4
火災保険料	46	92.0	93.9	94.8	100.5	101.0	101.7	101.5	100.1	100.0	99.4
下水道料	45	74.5	77.9	81.3	83.2	87.2	91.4	95.1	96.8	100.0	102.7
清掃代	20	81.5	84.0	85.9	87.6	90.5	94.4	97.6	98.9	100.0	100.6
診療代	163	75.5	76.6	77.5	77.8	78.7	87.2	102.6	101.3	100.0	103.1
保育所保育料	35	—	—	—	—	—	—	—	—	100.0	100.2
通所介護料	5	—	—	—	—	—	—	—	—	100.0	100.0
鉄道運賃(JR)	95	96.9	96.9	96.9	96.9	98.2	99.5	100.0	100.0	100.0	100.0
鉄道運賃(JR以外)	59	85.8	86.4	86.7	90.3	97.0	98.7	99.6	99.9	100.0	100.0
バス代	29	88.6	90.2	93.2	94.8	95.7	97.7	99.6	100.0	100.0	100.0
タクシー代	24	83.6	89.4	91.0	94.1	97.1	99.5	100.1	100.0	100.0	100.0
航空運賃	26	97.7	97.7	97.7	97.7	97.5	97.8	99.2	99.7	100.0	102.5
自動車免許手数料	2	80.7	88.2	95.8	95.8	97.7	98.3	98.3	98.3	100.0	100.0
有料道路料金	44	91.8	91.8	91.8	96.4	98.0	98.9	99.2	100.0	100.0	100.0
自動車保険(自賠)	32	134.9	117.8	112.1	112.1	112.1	104.0	100.0	100.0	100.0	100.0
自動車保険(任意)	148	94.8	100.6	102.5	102.5	102.5	102.5	100.8	100.0	100.0	104.1
公立高校授業料	43	84.4	87.4	90.6	92.1	94.0	95.6	97.0	98.3	100.0	101.5
国立大学授業料	12	74.8	78.5	82.8	86.4	90.2	93.5	96.5	98.4	100.0	101.4
公立幼稚園保育料	4	83.1	86.1	88.1	89.5	92.0	93.7	97.4	98.9	100.0	101.0
プール使用料	10	—	—	—	—	—	—	—	—	100.0	100.3
美術館入館料	9	—	—	—	97.1	97.4	99.5	99.5	99.4	100.0	102.0
競馬場入場料	8	—	—	100.0	100.0	100.0	100.0	100.0	100.0	100.0	100.0
受信料	80	98.1	98.1	98.1	98.1	98.1	99.5	100.0	100.0	100.0	99.2
パスポート取得料	10	—	—	—	—	—	—	—	—	100.0	100.0
郵便料	15	81.1	81.9	98.5	100.0	100.0	100.0	100.0	100.0	100.0	100.0
固定電話通信料	180	111.1	107.8	102.0	106.7	106.2	106.2	103.7	103.4	100.0	92.2
移動電話通信料	74	—	—	—	—	—	—	—	—	100.0	96.5
運送料	17	98.3	98.3	98.3	98.2	98.2	99.6	100.1	100.1	100.0	100.0
入浴料	2	81.9	84.8	87.4	89.4	92.3	94.8	97.2	98.3	100.0	101.5
印鑑証明手数料	2	73.3	76.4	81.4	83.7	85.4	90.0	95.4	97.9	100.0	101.0
戸籍抄本手数料	2	66.7	88.9	88.9	88.9	100.0	100.0	100.0	100.0	100.0	100.0
指定標準米	4	103.8	107.9	94.1	104.8	105.7	105.9	102.6	101.2	100.0	98.9
たばこ	69	90.5	90.7	90.9	90.9	90.9	92.5	93.4	100.0	100.0	100.0
教科書	4	—	—	—	91.0	93.7	94.3	96.9	98.8	100.0	101.6

注：保育所保育料、通所介護料、プール使用料、パスポート取得料、移動電話通話料は、2000年基準改訂より導入された品目であるため、1999年以前の値は存在しない。
出所：内閣府経済社会総合研究所 (2003)。

れていないなどの問題点が指摘されてきた。このような非効率性を是正するために、新たな公共料金の設定方式の導入や、公益事業の規制緩和によるサービスの改善や経営の効率化などが求められている[2]。

7 所得分配と社会保障制度の現状

　戦後わが国の所得分配は、経済の急速な成長に伴って1970年代後半まで一貫して平等化の方向を歩んだ。機会の均等、所得分配の平等化は、逆に、高い進学意欲、勤労意欲につながり、高度成長による豊かな社会と比較的犯罪率の低い社会を構築することに貢献するという好循環がみられた。図1-10はわが国の所得分配の状況をジニ係数により示したものである。この係数の値が低いほど平等度が高いことを意味している[3]。この図によると、わが国の所得分配は、第1次石油危機（1974年）直後若干格差が拡大したものの、一貫して低下傾向を示し、1970年代終わりにはわが国は北欧諸国と並ぶ平等な所得分配を実現した。

　しかしながら、1980年代以降、バブル経済期（1980年代終わりより1990年代初めまで）やそれに続く長期継続的な不況期（平成不況）を経て、産業間、企業規模間の賃金格差の拡大、土地や株式などの資産格差の拡大、年功序列など日本的な賃金体系の能力給への見直しなどの要因により所得分配の不平等が徐々に拡大しつつある。今後、高齢化社会が本格化するにつれ、世代内所得格差が高齢者層ほど高くなっていることから、人口の高齢化に伴い所得格差は一層拡大することが予想されている。

　市場経済においては、所得分配の状況は賃金格差や資産格差などにより決まる。そのような所得の分配状況に対して、所得再分配政策により過度な所得格差を是正することは、政府の重要な役割であるといわれている。所得再分配政策の手段には、累進構造を持つ所得税制により課税前と課税後の所得の格差を調整する累進所得税と、生活保護、福祉給付などの所得移転を活用する社会保障政策とがある。

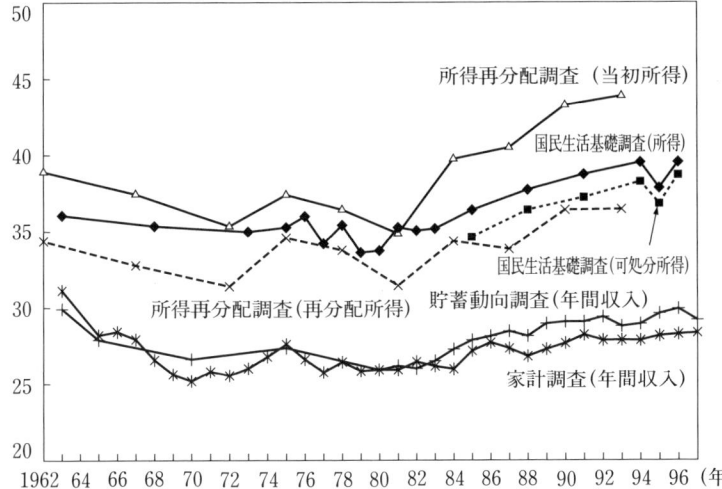

図1-10 わが国の所得分配の推移

注：1）国民生活基礎調査は、1985年までは、厚生省「国民生活基礎調査」に関する総合的研究報告書より作成。1988年以降は、厚生省「国民生活基礎調査」の所得および可処分所得階級より推計。
2）所得再分配調査は、厚生省「所得再分配調査」より作成。
3）家計調査および貯蓄動向調査は、総務庁「家計調査」および「貯蓄動向調査」の年間収入5分位より推計。
4）それぞれの調査の対象
（所得の範囲）＝公的年金などを含み、拠出がある方がニジ係数は低くなる。
（1）国民生活基礎調査
　　○所得＝稼働所得＋公的年金＋財産所得＋年金以外の社会保障給付＋仕送りなどではほぼ税引き前収入にあたる。
　　○可処分所得＝所得－（所得税＋住民税＋社会保険料＋固定資産税）であり、ほぼ手取り収入にあたる。
（2）所得再分配調査
　　○当初所得＝雇用者所得＋仕送りなど私的給付などであり、公的年金は含まれない。
　　○再分配所得＝当初所得＋社会保障による給付－税や社会保険料の拠出
（3）家計調査
　　○年間収入＝過去1年間の現金収入
（4）貯蓄動向調査
　　○年間収入＝勤め先収入や株式配当、仕送り金など
（世帯の範囲）＝単独世帯を含む方が一般的にニジ係数は高くなる。
（1）国民生活基礎調査：単独世帯や農家世帯も含む
（2）所得再分配調査：単独世帯や農家世帯も含む
（3）家計調査：単独世帯や農家世帯も含まない
（4）貯蓄動向調査：単独世帯や農家世帯を含まない
5）以上のように範囲が異なるため、ニジ係数の値は、所得再分配調査（当初所得）＞国民生活基礎調査（所得）＞所得再分配調査（再分配所得）、国民生活基礎調査（可処分所得）＞貯蓄動向調査、家計調査となる傾向がある。

出所：内閣府（2002a）。

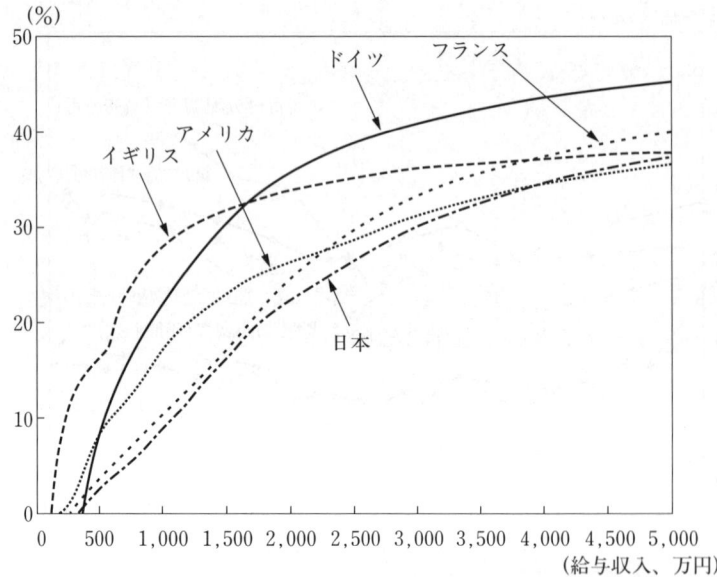

図1-11 個人所得税と住民税の実行税率（所得税・個人住民税の実行税率の国際比較：夫婦子2人の給与所得者）

注：1）日本は子のうち1人を特定扶養親族、アメリカは子のうち1人を17歳未満としている。
2）日本の個人住民税は所得割のみである。アメリカの住民税はニューヨーク州の所得税を例にしている。
3）諸外国は2002年1月適用の税法に基づく。
4）邦貨換算は次のレートによる。1ドル＝122円、1ポンド＝174円、1ユーロ＝108円。
（基準外国為替相場及び裁定外国為替相場：2001年6月から11月までの実勢相場の平均値）

出所：内閣府（2002b）。

　わが国の個人所得税や個人住民税は、基礎控除や扶養控除などの所得控除と所得が大きくなるにつれ適用される税率が高くなるという超過累進税率の構造を持っている。その結果、所得税負担額を所得額で割った実効税率は、所得が大きくなるにつれ高まるという所得再分配機能を持つ。図1-11はわが国と諸外国の、個人所得税と住民税の実効税率の関係を示したものである。

表1-5 移転所得の内訳

(単位:億円)

区　　　　分	1975	1980	1985	1990	1995	1999	2000	2001	2002
一 般 歳 出	158,408	307,332	325,854	353,731	421,417	468,878	480,914	486,589	475,472
厚生労働省予算	39,067	81,495	95,028	115,652	140,115	162,478	155,054	180,421	186,684
社会保障関係費	39,282	82,124	95,740	116,154	139,244	160,950	167,666	175,552	182,795
生 活 保 護 費	5,348	9,559	10,816	11,087	10,532	11,524	12,306	13,091	13,837
社 会 福 祉 費	6,178	13,698	20,042	24,056	34,728	45,805	36,580	16,944	17,218
社 会 保 険 費	23,277	51,095	56,587	71,953	84,700	94,910	109,551	135,896	141,584
保健衛生対策費	2,738	3,981	4,621	5,587	6,348	5,273	5,434	5,323	5,276
失 業 対 策 費	1,741	3,791	3,674	3,471	2,936	3,438	3,795	4,298	4,881
《対前年伸び率(%)》									
一 般 歳 出	23.2	5.1	0.0	3.8	3.1	5.3	2.6	1.2	△2.3
厚生労働省予算	36.2	7.9	2.7	6.7	2.9	8.3	△4.6	16.4	3.5
《構成比(%)》									
社会保障関係費	100.0	100.0	100.0	100.0	100.0	100.0	100.0	100.0	100.0
生 活 保 護 費	13.6	11.6	11.3	9.5	7.6	7.2	7.3	7.5	7.6
社 会 福 祉 費	15.7	16.7	20.9	20.7	24.9	28.5	21.8	9.7	9.4
社 会 保 険 費	59.3	62.2	59.1	61.9	60.8	59.0	65.3	77.4	77.5
保健衛生対策費	7.0	4.8	4.8	4.8	4.6	3.3	3.2	3.0	2.9
失 業 対 策 費	4.4	4.6	3.8	3.0	2.1	2.1	2.3	2.4	2.7

注:1)「厚生労働省予算」の2000年度以前は、「厚生省予算」である。
　　2)「社会保険費」には、福祉年金および児童手当に要する費用が含まれ、労災保険に要する費用は含まれていない。また、雇用保険に要する費用は「失業対策費」に含まれている。
出所:国立社会保障・人口問題研究所 (2003)。

　所得税のフラット化と恒久的減税の結果、わが国の租税負担構造は他の先進諸外国と比較してかなり緩やかな累進構造となっている。このような租税負担構造のあり方は、公平な租税負担や所得分配の公平との関係で第6章において議論される。

　わが国の社会保障制度は、生活保護を中心とした公的扶助、老齢者、身障者、母子家庭などの社会的弱者に対する社会福祉と、医療保険、介護保険、年金保険、雇用保険などの社会保険からなっている。このうち社会保険に関しては、加入者に対して保険料の拠出が求められ、疾病、失業、高齢化に伴う所得機会の喪失などのさまざまなリスクを社会的にプールする機能を持っている[4]。表1-5は、国民所得統計にみる所得再分配に向けられる財政支出

である社会保障関係費の内訳を示したものである。この表から、社会保障のための所得移転が大きな比重を占めていることがわかる。この他、社会福祉サービスなど現物給付の形で供給されるものもある。

8 　地方分権：国と地方の財政関係

　政府部門は、中央政府と都道府県、市町村からなる地方政府の3段階の政府から成り立っている。これらの政府間の役割・機能分担をみると、まず、地方政府には便益の及ぶ範囲が一定の地域に限定されるような地域密着型の地域公共財・サービスを供給することが期待されている。また、所得分配や景気安定の機能は、基本的には中央政府が全国的な基準に基づき行うが、社会保障の当該地域における窓口としての機能を果たしたり、景気対策のための公共事業を中央政府の補助事業として地方政府が実施主体となることがある。さらに、地方政府が中央政府の基準を超える独自の再分配政策を行ったり、地方における公共事業の増加を奨励することにより景気対策の効果を増大させることもある。

　このような観点から、中央政府と地方政府の租税収入と財政支出の配分を検討しよう。まず、わが国と先進諸外国の国税・地方税比率を国際比較の観点から検討しよう。すでに2節においてみたように、わが国の租税収入の側面からみた中央政府と地方政府の割合は約6：4となっている。地方政府の税収シェアは、アメリカ（約42%）と比較すると若干低くなっているが、ドイツ、フランスなどのヨーロッパ諸国が押しなべて10％台となっていることから、これらの国々よりは高くなっている。ところが、歳出の側面をみると、中央政府と地方政府間のさまざまな移転を調整した歳出純計は約4：6となっており、税収比率との逆転現象がみられる。このような税収と歳出のギャップを埋めているのが中央政府から地方政府へのさまざまな財源移転である。そのような移転財源としては、使途が限定されていない一般補助金としての性格を持つ**地方交付税**と、使途が限定されている国庫支出金があげら

表1-6 財政力指数の3ヵ年平均
(1998～2000年度)

上 位	1. 東　京	1.046
	2. 愛　知	0.884
	3. 神奈川	0.788
	4. 大　阪	0.780
	5. 静　岡	0.677
下 位	1. 高　知	0.205
	2. 島　根	0.213
	3. 鳥　取	0.227
	4. 沖　縄	0.236
	5. 秋　田	0.248
	全国平均	0.429（含東京）
		0.415（除東京）

出所：総務省（2002）。

れる。このうち地方交付税は、国税3税と呼ばれる所得税、法人税、酒税などの一定割合を、地方政府が行政サービスを行うため必要な財政需要（基準財政需要）とその政府の税収（基準財政収入）との差額に応じて交付されるものである。また、国庫支出金は、地方政府が行う特定の事業の財源の一部として交付されている。

　このような財源移転の意義は、単に、徴税力を持つ中央政府が地方政府に対して税収を移転していることにとどまらない。地方政府の財政力には著しい格差があるが、このような格差は財政力指数（基準財政収入／基準財政需要）により示される。2001年の財政力格差を示しているのが表1-6である。そこでは、財政力指数が0.5を下回り著しい税収不足に悩む県が多数存在することがわかる。また、市町村についてはさらに深刻な税収不足に悩む自治体が多数存在している。財源調整制度は、このような財政力格差を是正し、各地域に一定水準の行政サービスの供給を可能とする重要な手段となっている。その一方で、地方政府の供給する行政サービスには、中央政府が供給すべき行政サービスを代行するもの（機関委任事務）があったり、国庫支出金

が対象とする事業の補助率が年々低下するかたわら補助事業件数は減少せず、補助金を通した中央政府による地方政府のコントロールが問題とされてきた。

　近年、わが国経済が高い水準に到達し成熟化するに伴って、各地域の住民の公共財・サービスに対する需要は多様化し、高度化してきた。それらは、都市の交通基盤、高齢者のための介護施設、バリアフリー化など多面的な方面に及んでいる。ナショナルミニマムとしての公共サービスの需要を超え、各地域が各地域に見合った公共財・サービスを選択して供給することが必要となってきた。また、公共財・サービスは、それぞれの地域で自主的に供給することにより、住民の選好と地域のニーズをよりよく反映することもできる。このような観点から、公共サービスの財源と権限を地方政府に委譲し、地方政府の主導権により地域の公共サービスを供給し費用を負担するという地方分権の必要性が高まっている。1999年に成立した「地方分権一括法」では、中央政府が都道府県知事や市町村長を中央政府の機関として事務を委任するという機関委任事務の廃止し、自治事務と法廷受託事務とに分類するなどの方策により地方政府の自主権を促進するものである[5]。

●──注

[1] 産業公害や地球規模の環境問題など、さまざまな環境問題やそのための環境政策については、第4章「外部性と環境政策」において詳しく述べられている。
[2] さまざまな公共料金の設定方式、公益事業の規制緩和などについては、第5章「公共料金と規制緩和」を参照のこと。
[3] ジニ係数の定義については、第6章「所得分配と租税、社会保障政策」を参照のこと。
[4] さまざまな社会保障制度とその役割などに関しては、第6章「所得分配と租税、社会保障政策」において詳しく述べる。
[5] 第9章「地方分権とニュー・パブリック・マネジメント」において、地方分権の経済効果や地方行財政の効率化を検討している。

---練習問題---

1 近年の日本の財政運営を、財政赤字、国民負担率、高齢化社会における社会保障などの観点から説明せよ。

2 公共部門の基本的役割は、公共財・サービスの供給、公害、環境問題など外部性への対処、公共料金と公益事業の規制政策、税、社会保障などを通じた所得の再分配などであるといわれている。これらの分野において、わが国公共部門が直面している問題点を整理せよ。

第2章

市場の効率性と市場の失敗

1 市場経済と市場均衡

「市場」とは財の交換が行われる所である。直観的には、売り手（財の供給者。生産者、企業などと呼ばれる）が店を開き、そこに買い手（財の需要者。消費者、家計、個人などと呼ばれる）が出向いて品物を売買するいわゆる「いちば」を思い浮かべればよい。しかし実際には、ある財の売り手と買い手が一ヵ所に集合してセリを行い、価格を決める、というようなことはまず行われず、取引される財の性質や、取引に参加する売り手や買い手の数の違い、古くからの慣習、規制などにより、さまざまな市場形態をとっている。売り手と買い手が出会うことなく売買される財も少なくない。たとえば、株式は主に証券取引所で取引されるが、そこで株式の発行者と投資家が出会って売り買いするわけではない。テレビドラマなどにも、電話の受話器を両方の耳にあてがって声を張り上げているディーラーと呼ばれる証券業者がたびたび登場するが、彼らが仲介して取引が行われているのである。

このように多様な市場形態の中で、とくに、①売り手と買い手が多数参入し、したがって個々の主体は**プライス・テイカー**であり、②取引される財が同質で、③市場のすべての参加者が完全な情報を持ち、④その市場への参入と退出が自由であるような市場を、完全競争市場と定義する。なかでも、プ

ライス・テイカーであることは、最も重要であるといわれるが、これは、市場への参加者が多数であるために、個々の売り手と買い手の行動は市場価格に何ら影響を与えないことを意味している。これに対し、独占や複占・寡占などは不完全競争市場と呼ばれ、企業は価格を決定することができるが、それをプライス・リーダーという。

売り手と買い手という各々の経済主体は、さまざまな市場において財を取引し、それらの市場が多数集まったものが「経済」であるとみることができる。

市場においては、売り手が示す財の供給量と買い手が示す財の需要量が等しくなる水準で、価格が決まる。当然、その価格では売らない人や買わない人も存在する。このような売り手と買い手の様子を図で示すと、図2-1(a)、(b)の供給曲線と図2-2(a)、(b)の需要曲線のようになる。取引される財が正常財であれば、財の価格が高いほど供給量は増えるので供給曲線は右上がり、逆に需要量は価格が低いほど増えるので需要曲線は右下がりに書くことができる。

図では、企業A, Bの供給曲線と個人A, Bの需要曲線を示したが、実際には市場の参加者は多数なので、多数の企業の供給量の合計と多数の個人の需要量の合計が等しくなる水準で価格が決まる。よって、図2-3のように、

(a) 企業Aの供給曲線価格　　　　(b) 企業Bの供給曲線価格

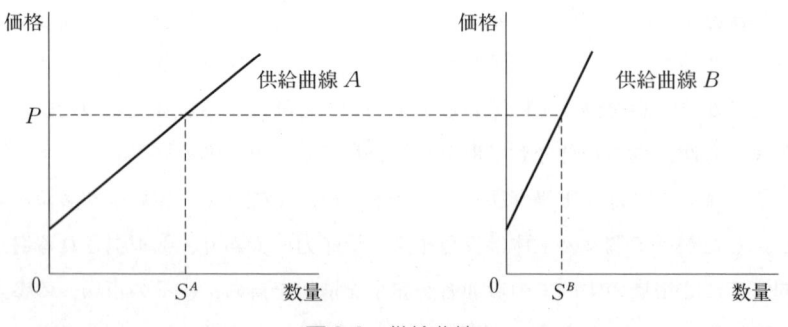

図2-1　供給曲線

(a) 個人Aの需要曲線 (b) 個人Bの需要曲線

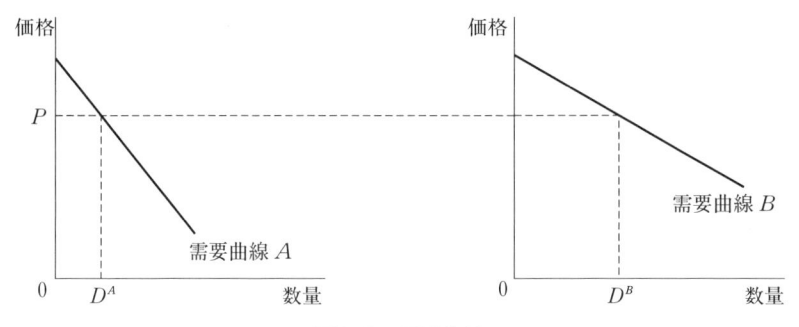

図 2-2 需要曲線

(a) 市場の供給曲線 (b) 市場の需要曲線

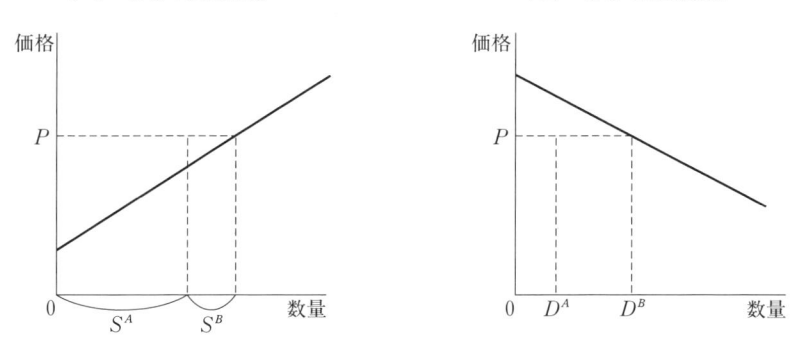

図 2-3 市場の需要・供給曲線

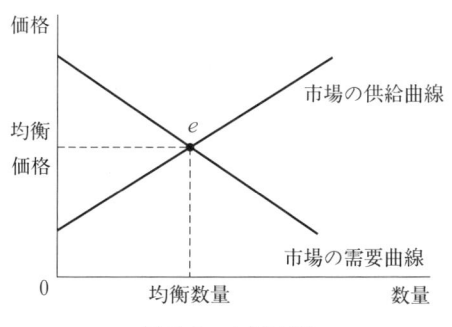

図 2-4 市場均衡

第 2 章 市場の効率性と市場の失敗

図2-1、図2-2で示した個々の供給量と需要量を、それぞれ横軸方向に足し合わせて得られたものが市場の供給曲線と需要曲線である。

市場の供給量と需要量が等しくなる水準は、図2-4の供給曲線と需要曲線の交点 e で表される。この交点 e を**市場均衡**といい、このときの値を均衡価格、均衡取引量という。

次に、市場均衡について、数式を用いて説明する。詳しくはミクロ経済学などですでに勉強された方も多いと思うので、ここでは復習程度の簡単な説明にとどめる[1]。

今、代表的個人の効用関数と予算制約式が

$$u = U(x_1, x_2), \quad m = p_1 x_1 + p_2 x_2$$

で表されるとする。ここで、x_1, x_2 は第1財と第2財、m は所得、p_1, p_2 はそれぞれ1財、2財の価格である。このとき個人は予算制約の下で、効用が最大になるような消費の組合せを決定する。その結果、効用最大化条件として、

$$\frac{p_1}{p_2} = \frac{\partial U/\partial x_1}{\partial U/\partial x_2} = MRS$$

が得られる。これは右辺の限界代替率（MRS）が価格比に等しくなることを意味している。ここから、各財についての需要関数

$$x_1 = D_1(p_1, p_2, m), \quad x_2 = D_2(p_1, p_2, m)$$

が得られる。これを1財（2財）について $p_1 = (p_2 =)$ の形に変形したものが、図2-2で示した需要曲線である。

次に、先ほどの第1財を生産する企業の利潤関数が、

$$\pi = p_1 y_1 - c(y_1)$$

で表されるとする。ここで、y_1 は第1財の生産量、$c(y_1)$ は第1財を生産するためにかかる費用である。企業は利潤が最大となるように、生産量を決定する。その結果、利潤最大化条件として、

$$p_1 = c'(y_1) = MC$$

が得られる。これは右辺の限界費用（MC）が価格に等しくなることを意味

している。これが図2-1で示した供給曲線である。

　数式による説明からもわかるように、供給量と需要量を示すのは別々の経済主体なので、当然、市場均衡が達成されていない場合もある。もしも超過供給すなわち「売れ残り」が発生して均衡が達成されていないときには、価格を下げたり、生産を減らしたりするなどの調整がされ、やがて均衡が達成される。閉店間際のスーパーの鮮魚売り場などでは、刺身が半額になったりするが、これは価格による調整である。それに対して、衣料品は閉店間際でも毎日売り切る必要はない。徐々に在庫を調整していくことになる。これは数量による調整である。また、超過需要すなわち「品不足」が発生し均衡が達成されていないときも、価格や、生産量が調整される。世界中でたった一つしかない絵画はオークションで値段がつりあがり、人気のゲームは増産される。このように価格または数量が調整されるのはその財の性質によると考えられる。ワルラス（L. Walras）は価格による調整を、マーシャル（A. Marshall）は数量による調整を分析したことから、それぞれの調整過程は、ワルラス的調整、マーシャル的調整と呼ばれる。

2　効率性の尺度：経済余剰とパレート最適性

　前節では、市場について、「財の交換が行われる所」と説明し、売り手と買い手の取引、すなわち人が物を売ったり買ったりする行為を当然のこととしてとらえていた。私たちの日常の中で、スーパーやコンビニにいき、商品に代金を支払って手に入れるという行為は、ごく当たり前のことで、あらためて説明する必要がないことのように思われる。しかし、根本的な疑問として、なぜ人は財を売買するのだろうか。もっと基本的にいい直せば、なぜ人は財を交換するのだろうか。

　今、経済にA, Bという2人の個人しか存在せず、Aはバナナを、Bは缶コーヒーを持っているとする。簡単化のために、生産者は存在しないものとする。かたやバナナばかり食べる毎日と、こなた来る日も来る日も缶コー

ヒーを飲む暮らしである。やがて2人は出会い、お互いの不幸を嘆きあった後、「私のバナナを少しあげるから、あなたの缶コーヒーを下さいな」ということになる。「交換」が行われるのである。この場合、AもBもお互いの財を交換することで喜び、交換前より確実に幸せになっている。このことこそが、人が財を交換することの理由に他ならない。大昔は、海辺に住む人々と山に住む人々がそれぞれの産物を交換し合った。次第に品物の数が増え、交わる人も増えると交換は困難になっていった。物々交換においては、自分が欲しい物を手放したいと思い、自分が手放したいものを欲しいと思っている人にめぐり合わなければ交換が成立しない。自分がバナナとコーヒーを交換したいと思っているときに、コーヒーを手放してもいいという人に出会っても、その人がバナナではなく、パンを欲しいと思っていたら交換は成立しない。欲望の二重の一致が必要なのである。そこで、物と物を仲介するものとして貨幣が生まれ、「バナナ2本に対して缶コーヒー1本」というような財の交換比率が、値段として表されるようになったのである。そのような交換が発展し、複雑になったのが、現在の市場経済と考えることもできる。

　市場においては、財の供給者と需要者がより幸せになるために、経済学的にいえば利潤あるいは効用を最大にするために、貨幣を仲介にして財を交換するのである。このとき市場均衡で成立する均衡価格は財の交換比率に他ならない。

　このような交換の利益を測る方法として余剰の考え方がある。そもそも効用は人それぞれ違い、それを測ったり比べたりすることは難しいが、余剰の概念を用いることによって、交換によって得られる効用の大きさを貨幣の価値で表すことが可能になる。すなわち、人は何か財を買おうとするとき、「大体いくらまでなら払ってもいいかな」という心づもりをしているものである。5000円くらいなら……と思っていたシャツが、3000円で買えたら、何となく得をしたような気分になり、うれしいものである。そのうれしさの値段が、5000円－3000円＝2000円というわけである。これを消費者余剰と呼ぶ。一方、企業が財を売るときにも「大体いくらくらいで売ろう」という

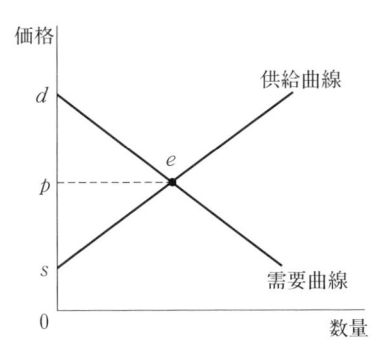

図 2-5　消費者余剰と生産者余剰

心づもりがあるとする。3000 円で売れればよし、と思っていたシャツが 5000 円で売れたら、やはり得をした気分になるだろう。それが同じく、5000 円－3000 円＝2000 円である。これを生産者余剰と呼ぶ。消費者余剰と生産者余剰を足し合わせたものを社会的余剰という。この社会的余剰こそが財を交換することによって生じる利益と考えるのである。これを図で表すと、図 2-5 のようになる。

図 2-5 で、消費者余剰は需要曲線の下側の、実際に市場で取引された均衡価格水準以上の部分、すなわち△ dpe で表される。生産者余剰は供給曲線の上側の、実際に市場で取引された均衡価格水準以下の部分、すなわち△ pse で表される。このときの社会的余剰は△ dse である。

では、どの財をどれだけ生産し、どのように交換したら、社会的に望ましいのだろうか。1 節で復習したとおり、企業は利潤が最大になるように生産量を決め、個人は効用が最大になるように各財の消費量を決める。企業も個人も合理的に行動するので、お互いの都合など思いやってはいないし、まして経済全体の利益など考えてはいない。最も望ましい財の交換——限られた数の生産物の配分の仕方といってもよい——などというものは実現できるのだろうか。そのことに対する答えは、イタリアの経済学者パレート（V. Pareto）が社会的厚生の尺度として、「他人の効用を減らすことなしに、誰の効用も増加させることができないような資源の生産物間の配分および生産物の

個人間の配分」が最適な（効率的な）資源配分であるとした。これは**パレート最適**あるいはパレート効率の基準といわれる。先ほどのバナナと缶コーヒーの例では、交換をすることで両者の効用が増加した。このような状態をパレート改善したという。

　このように2人の個人が2つの財を交換し、最適な配分を実現する様子は、図2-6(c)のエッジワース（F. Y. Edgeworth）のボックス・ダイアグラムで表すことができる。このボックス・ダイアグラムは図2-6(a)、(b)の各個人の無差別曲線が描かれた図で、(b)の図を180度回転させて、(a)の図の右上にくっつけたものである。縦軸が第1財（バナナ）の総量、横軸が第2財（缶コーヒー）の総量を表している。このボックス・ダイアグラムの中の任意の点は、2つの財の配分の様子を表している。たとえば、図中 F 点では、第1財がAに x_1^A、Bに x_1^B だけ配分されており、余ることなく配分され尽くしている。同様に第2財も総量すべてが、Aに x_2^A、Bに x_2^B だけ配分されていることを示している。もともと経済に存在し、個人AとBがそれぞれ持っていた財の総量を e_1、e_2 で表すと、

$$e_1^A + e_1^B = x_1^A + x_1^B$$
$$e_2^A + e_2^B = x_2^A + x_2^B$$

が成り立っている。これは各財についての需給均衡条件である。この点 F は交換経済における競争均衡と呼ばれている。

　図2-6(c)において、両者の無差別曲線が接する点 F では、Aの効用を増加させる（Aの無差別曲線を右上方にシフトさせる）ためにはBの効用を下げなければ（Bの無差別曲線を右上方にシフトさせなければ）ならない。すなわち点 F では、「他人の効用を減らすことなしに、誰の効用も増加させることができないような生産物の個人間の配分」になっているのである。つまり、パレート最適な資源配分が達成されているのである。

　では、点 F とはどのような状態であろうか。点 F では、両者の無差別曲線が接しているので、両者の無差別曲線について、共通の接線を1本引くことができる。当然、傾きは等しい。再び、ミクロ経済学で勉強したことを思

(a) 個人Aの無差別曲線

(b) 個人Bの無差別曲線

(c) エッジワースのボックス・ダイアグラム

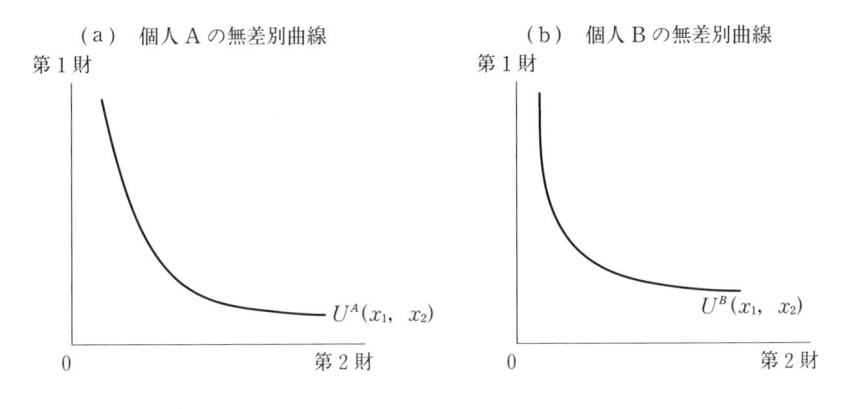

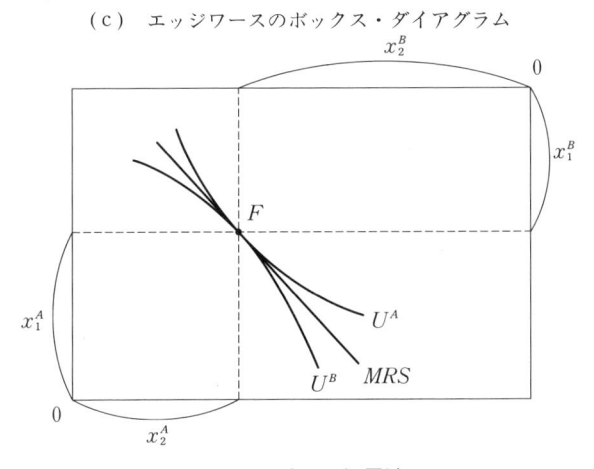

図2-6　パレート最適

い出していただきたい。無差別曲線の傾きとは、限界代替率であった。すなわち、パレート最適な資源配分が達成されるとき、両者の限界代替率が等しくなるのである。これは生産がない場合のパレート最適条件である。

以上の分析を数式を用いて確かめる。個人Bの効用を一定として、個人Aの効用を最大化するケースを考える。個人Aの効用関数

$$u^A = U^A(x_1^A, x_2^A)$$

を、次の3つの制約条件の下で最大化する。

$$\overline{u^B} = U^B(x_1^B, \ x_2^B)$$
$$x_1 = x_1^A + x_1^B$$
$$x_2 = x_2^A + x_2^B$$

ここで、$\overline{u^B}$ は個人 B の効用が一定であることを意味し、x_1, x_2 はこの経済に存在する第 1 財と第 2 財の総量を表している。

最大化の結果、
$$\frac{\partial U^A/\partial x_1^A}{\partial U^A/\partial x_2^A} = \frac{\partial U^B/\partial x_1^B}{\partial U^B/\partial x_2^B}$$
となり、両者の限界代替率が等しくなる。すなわちパレート最適条件、
$$MRS^A = MRS^B$$
が成立していることが確かめられる。

3 厚生経済学の基本定理

　前節では、パレート最適とその条件について述べた。ここでは、パレート最適と完全競争市場の需給均衡（競争均衡）との関係を明らかにする。このことについては、前節の余剰の概念を用いて部分均衡分析[2]を行うと、やや直観的ではあるがわかりやすい。市場の需要曲線は、前節で詳しく解説したとおり、個人が効用を最大化した結果得られる需要関数を表示したものであり、市場の供給曲線は、企業が利潤を最大化した結果得られる限界費用曲線の一部を表示したものである。したがって、需要曲線と供給曲線の交点、すなわち市場均衡点は、個人の効用と企業の利潤がともに最大化されている点である。そしてその状態は消費者余剰と生産者余剰を合計した社会的余剰が最大となっている状態であり、パレート最適に他ならない。すなわち、市場均衡ではパレート最適が達成されているのである。これを**厚生経済学の基本定理**という。このことは、完全競争経済が市場メカニズムによって、自動的に効率的な資源配分を達成することを意味している。すなわち、「放っておいても経済はうまくいく」ことを意味しているのである。これは、取りも直

さず自由放任主義の考え方であり、まさしく、アダム・スミス（A. Smith）がいった「見えざる手」そのものである。

ここまでは、一つの市場のみを考える部分均衡分析で説明したが、より厳密に競争均衡がパレート最適であることを、数式を用いて確かめる。p. 36 で用いた競争経済の定式化を用いて、最適化問題を解き、そこから得られる条件がパレート最適条件を満たすことを確かめればよい。

パレート最適条件を求めたときと同様に、個人 B の効用を一定として、個人 A の効用を最大化するケースを考える。個人 A の効用関数
$$u^A = U^A(x_1^A, \ x_2^A)$$
を、次の 3 つの制約条件の下で最大化する。
$$\overline{u^B} = U^B(x_1^B, \ x_2^B)$$
$$e_1^A + e_1^B = x_1^A + x_1^B$$
$$e_2^A + e_2^B = x_2^A + x_2^B$$

ここで、制約条件の 2 つめと 3 つめは需給均衡条件である。

最大化の結果、両者の限界代替率が等しくなり、パレート最適条件が成立していることが確かめられる[3]。

4 市場の失敗

前節では、完全競争市場が、効率的な資源配分を達成することを示した。では、現実の経済はどうであろうか。1 節で、完全競争市場が成立する条件として、次の 4 つをあげた。①売り手と買い手が多数参入し（プライス・テイカー）、②取引される財が同質で、③市場のすべての参加者が完全な情報を持ち、④その市場への参入と退出が自由である。このような市場を、完全競争市場と定義したのである。しかし、現実の経済は、新たに参入することが非常に困難ないくつもの独占的・寡占的産業が存在し、企業は他社の製品との差別化を測ることを目標に掲げ、不確実で非対称的な情報の下で、取引が行われている。このようにさまざまな理由によって、完全競争市場が成立

するための条件が満たされないために、非効率な資源配分になってしまう状況を、**市場の失敗**と呼ぶ。この市場の失敗を解決する役目を担うのが政府であり、市場の失敗が起こるからこそ、公共政策、公共経済が必要となるのである。

市場の失敗には、公共財、外部性、費用逓減産業、独占・複占・寡占などさまざまなものがあり、それぞれに対処方法が考えられる。詳しい議論は、次章以降で行うので、ここでは代表的な例について要約する。

公園、一般道路、警察、消防、予防接種、ラジオ放送などは公共財と呼ばれる。私的財の場合と同様、公共財には公共のサービスも含まれる。これらの財は、いったん供給されると、すべての人々が同時に、同じ量を消費することができることから、私的財の場合とは異なり、市場機構によっては効率的に供給されない財である。私的財の場合、個人は効用を最大にするために、その限界代替率と市場価格が等しくなるような水準で消費するが、公共財は、代金を支払っていなくても消費ができてしまうのである。たとえば、税金を支払っていない人だけ公園に入れないようにすることなどできるだろうか。世の中のすべての公園の入り口にゲートを設けて、チェックするならば可能かもしれない。しかしそのための費用は膨大すぎ、実現は不可能である。さらに、公共財は多くの人が同時に消費することができる。どんなに小さな公園でも、たった一人しか使えない公園などありえない。複数の人が一緒に楽しめるものである。この場合も私的財とは異なる。公共財についての詳しい議論は、第3章で行う。

「市場の失敗」を引き起こすものとして、外部性の問題がある。外部性には、個人の効用関数や企業の生産関数へよい影響をもたらす外部経済効果と、悪い影響をもたらす外部不経済効果がある。公害に代表される外部不経済効果の議論は近年、環境政策に対する意識の高まりとともに、とくに注目されている。外部経済効果の例として古くからとりあげられているのは、「ミツバチと果樹園」の例である。ミツバチを飼って、蜂蜜を得ている養蜂業者にとって、近所に果樹園があるというのは好都合である。一方、果樹園の経営

者にとってもミツバチがたくさんやってきて、授粉をしてくれればこちらにとってもまた好都合なのである。この場合、市場を経由せずに、どちらの生産にもプラスの効果がある。このような効果を外部経済効果という。あるいは逆の例として、工場から出される煙で、近隣の人が健康を害し、病院に行ったとする。この場合、市場で成立する製品の価格は、社会的にみて「本当の」価格ではない。市場を経由してはいないが、その製品を生産するために必要とされる費用として、近隣の人の治療費分を考慮しなければならないのである。詳しくは第4章で論じる。

　もう一つの「市場の失敗」の例として、費用逓減産業がある。多くの人が同時に消費できる財では、消費者が増えることによる追加的な費用（限界費用）はゼロと考えることができる。それならば、供給量を増やせば増やすほど、平均費用は低くなっていく。すると規模の経済によって、供給量の多い企業が独占的に供給するようになっていく。このような産業を費用逓減産業という。たとえば、電力などはその代表的な例である。

5　所得分配

　1～3節でみてきたように、競争市場においては効率的な資源配分が達成されるが、それは必ずしも公平な資源配分とは限らない。バリバリ働き、どんどん新しい契約を取るビジネスマンは、高い給料をもらい、他社からヘッドハントされ、ますます高い給料を得るようになるだろう。この結果、所得分配の不公平、いわゆる貧富の差が生まれる。これは資本主義経済の宿命かもしれないが、公平な社会ではない。市場が公平な所得分配を達成できないことから、これを「市場の失敗」の一つと考えることもある。

●──注
[1] ミクロ経済学をまだ勉強していない、あるいはもっと詳しく復習したいという方は、初級レベルの教科書として、武隈慎一『ミクロ経済学』(1999)

などを参照されたい。

[2] 経済効果がある一つの市場にしか及ばず、他の市場は何ら影響を受けず、状況が変化しないと仮定する分析方法。

[3] 本文では、初学者が理解しやすいように、生産部門を考慮しない経済を想定していた。生産部門を考慮することで変数が増え、複雑になり、うんざりしてしまうことを心配したからである。しかしながら、当然それは簡単化のためであり、実際には経済に存在する財はどこかの企業に生産されたものである。そこで、ここでは生産部門を考慮したパレート最適条件を導出する。意欲のある方は、計算してみるとより理解が深まるだろう。

経済は2人の個人と一つの企業からなっているとする。第1財を余暇、第2財を消費財とする。企業は個人が供給する労働、すなわち個人が余暇として消費しなかった残りの時間を用いて、第2財を生産する。本文と同様に、個人Bの効用を一定として、個人Aの効用を最大化するケースを考える。個人Aの効用関数

$$u^A = U^A(x_1^A, x_2^A)$$

を、次の4つの制約条件の下で最大化する。

$$\overline{u^B} = U^B(x_1^B, x_2^B)$$
$$y_2 = f(y_1)$$
$$y_2 = x_2^A + x_2^B$$
$$y_1 = (w - x_1^A) + (w - x_1^B)$$

ここで、制約条件の2つめは生産関数を、3つめ、4つめは各財の資源制約を表している。w は個人が持っている時間(通常24時間)の総量を表す。経済学では通常労働時間以外の時間をすべて余暇と呼ぶため、$w - x_1$ は余暇以外の時間すなわち労働時間を表す。この最大化問題をラグランジュ関数を用いて解く。α, β, γ はラグランジュ乗数である。

$$L = U^A(x_1^A, x_2^A) + \alpha\{\overline{u^B} - U^B(x_1^B, x_2^B)\}$$
$$+ \beta\{y_1 - (w - x_1^A) - (w - x_1^B)\}$$
$$+ \gamma\{f(y_1) - x_2^A - x_2^B\}$$

$$\frac{\partial L}{\partial x_1^A} = \left(\frac{\partial U^A}{\partial x_1^A}\right) + \beta = 0 \quad \cdots\cdots(1)$$

$$\frac{\partial L}{\partial x_2^A} = \left(\frac{\partial U^A}{\partial x_2^A}\right) + \gamma = 0 \quad \cdots\cdots(2)$$

$$\frac{\partial L}{\partial x_1^B} = -\alpha\left(\frac{\partial U^B}{\partial x_1^B}\right) + \beta = 0 \quad \cdots\cdots(3)$$

$$\frac{\partial L}{\partial x_2^B} = -\alpha\left(\frac{\partial U^B}{\partial x_2^B}\right) - \gamma = 0 \quad \cdots\cdots(4)$$

$$\frac{\partial L}{\partial y_1} = \beta + \gamma f'(y_1) = 0 \quad \cdots\cdots(5)$$

$$\frac{\partial L}{\partial \alpha} = u^B - U^B(x_1^B, \ x_2^B) = 0 \quad \cdots\cdots\cdots\cdots\cdots\cdots (6)$$

$$\frac{\partial L}{\partial \beta} = y_1 - (w - x_1^A) - (w - x_1^B) = 0 \quad \cdots\cdots\cdots\cdots (7)$$

$$\frac{\partial L}{\partial \gamma} = f(y_1) - x_2^A - x_2^B = 0 \quad \cdots\cdots\cdots\cdots\cdots\cdots (8)$$

(1)、(2)より、

$$\frac{\partial U^A/\partial x_1^A}{\partial U^A/\partial x_2^A} = \frac{\partial U^B/\partial x_1^B}{\partial U^B/\partial x_2^B}$$

$$\frac{\partial U^B/\partial x_1^B}{\partial U^A/\partial x_2^A} = -\frac{\beta}{\gamma} = MRS^A$$

(3)、(4)より、

$$\frac{\partial U^B/\partial x_1^B}{\partial U^B/\partial x_2^B} = -\frac{\beta}{\gamma} = MRS^B$$

(5)より、

$$f'(y_1) = -\frac{\beta}{\gamma} = MRT$$

となる。この結果から、個人Aの限界代替率と個人Bの限界代替率と企業の限界変形率がすべてラグランジュ乗数の比(β/γ)に等しくなり、

$$MRS^A = MRS^B = MRT$$

が成立することがわかる。これが生産部門を考慮した場合のパレート最適条件である。

―― 練習問題 ――

1 ある財の需要曲線、供給曲線はともに直線であり、価格が 4 のときに需要量は 12、供給量は 6 になり、また価格が 10 のときに需要量は 6、供給量は 18 になるという。この財の市場が完全競争状態にあるときの消費者余剰および生産者余剰を求めよ。

2 下記のパレート最適に関する記述について、正誤を判断せよ。
①パレート最適は、公共財の存在の有無にかかわらず、完全競争市場においては必ず達成されている。
②パレート最適は、消費者相互間における資源配分の最適性を論じたものであって、消費者と企業あるいは企業相互間の資源配分については論ずることはできない。
③パレート最適は、社会の他の構成員の効用を減少させずには社会を構成するいかなる経済主体の効用も増大させることが不可能な資源の配分状態をいう。
④パレート最適は、所得分配とも関連して資源配分の最適性を論じているので、所得分配の最適性をも同時に含意している。

3 AとBの2人からなる社会で、代替可能な X 財と Y 財が効率的に生産され、2人に分配されるときのAおよびBの X 財と Y 財の消費量をそれぞれ X_a, Y_a, X_b, Y_b とする。AとBの効用関数が $U_a = X_a Y_a$ で $U_b = 2(X_2 + Y_b)$、Bの効用水準が100のとき、パレート最適点におけるAの効用水準はいくらか。ただし、$X=25$, $Y=75$ とする。

4 下の文章は政府が市場経済に介入する根拠を述べたものである。空欄にあてはまる語句を考えよ。
①国民生活に必要な財・サービスの中には、政府が最適供給量を実現すべきものがある。このような財を（　A　）という。
②ある主体の経済活動が他に対して外部経済または外部不経済を及ぼす場合、政府は市場に介入する必要がある。（　B　）は外部不経済の典型である。外部不経済を生じる企業には（　C　）などの措置がとられる。
③市場経済において（　D　）が支配的になると、価格の硬直性が強まり、資源の最適配分が歪められるので、政府による調整が必要となる。

5 市場の失敗を生む原因について述べよ。

第 **3** 章

公共財の理論と現実

1　公共財の定義と市場の失敗

　第2章4節で、市場の失敗の例をいくつかあげ概要を述べた。ここでは、市場の失敗の一つである公共財について詳しく議論する。

　公共財は、市場自体が設定できず、したがってパレート最適条件が成立しえないことから、代表的な市場の失敗の例と考えられている。では、公共財にはどのような特徴があるのだろうか。一般的に、公共財はその性質から定義される。以下では、公共財を定義し、その性質のために、市場の効率的な資源配分が達成されないことを説明する。

　公共財とは、公共の機関（広い意味での政府）が供給する財であると考えられがちであるが、厳密にはそうではない。たとえば、私立学校や私立病院などは政府によって供給された財ではないが、公立の学校や病院と同じような性質を持つ公共財と考えられる。その性質とは、**非排除性**（排除不可能性）と**非競合性**である。

　ある人が公共財を消費するときに、その対価を支払っていないからといって、その人を消費から排除することが事実上できないような場合、そのような性質を非排除性と呼ぶ。第2章で示した公園の例のような場合である。私的財の場合、必ずその対価を支払わなければ、「泥棒」になってしまうのに

対して、公共財はその対価を支払っていなくても、たいていの場合、法的に処罰されることはない。公園の他にも高速道路ではない一般道路や行政サービス、ごみ処理、警察、防衛などは非排除性を持つと考えられる。すべての一般道路に料金所を設けたり、税金を支払っていない人のごみだけを、より分けて処理しなかったり、警察や防衛など必要ないと思っている人の家だけ、治安を悪くしておくなどということは不可能なのである。

またある人が公共財を消費したからといって、別の人が消費できなくなることはなく、消費量が減ることもない。そのような性質を非競合性と呼ぶ。私的財の場合、ある人が消費した財は、その人だけのものであり、別の人が消費することはできない。友達が食べているクリームパンは友達のもので、それを横からかじってはいけない。クリームパンという私的財は、競合性があるのである。しかし、道路（という財）をある人が歩いて（消費して）いるとき、同時に別の人も歩く（消費する）ことができる。その道路を通る人が増えても、その財を供給するための費用が増加するわけではない。これは道路という公共財には競合性がなく、すべての人が同じだけ消費できる（等量消費）ことを意味している[1]。ただし、とても大勢の人がその道路に押しかけ、混雑現象が生じると、公共財といえども消費の競合性が発生することにはなるが、一般的には道路や橋、防衛、警察などは非競合性を備えた財と考えられる。

以上のような非排除性と非競合性という2つの性質を完全に備え、すべての人が等量消費することが可能な財を純粋公共財と呼ぶ。古くからいわれている例としては灯台の明かり、防衛、検疫、また最近では環境保護、オゾン層の保護なども純粋公共財の例と考えられている。しかし、2つの性質を完全ではないとしても、いくらか備えている財も多く存在する。それらは準公共財と呼ばれ、公共財と私的財の中間にあたる財である。

図3-1は原点に私的財をとり、縦軸に非競合性、横軸に非排除性をとって、準公共財と純粋公共財を概念的に図示したものである。右上の純粋公共財にあたるもの以外は、備えている非排除性と非競合性の程度によって、位置関

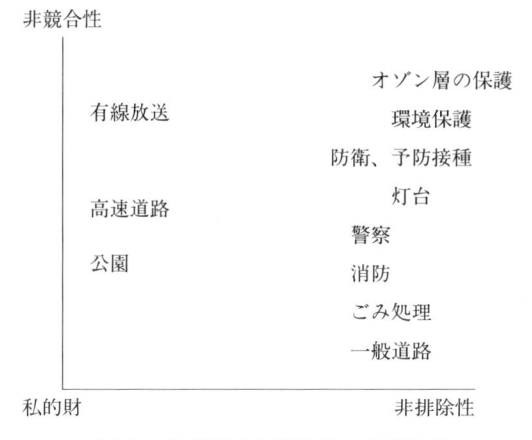

```
        非競合性
         │
         │              オゾン層の保護
         │    有線放送   環境保護
         │              防衛、予防接種
         │    高速道路   灯台
         │              警察
         │    公園      消防
         │              ごみ処理
         │              一般道路
         │
         └──────────────────────── 非排除性
       私的財
```

図3-1 公共財の非排除性と非競合性

係を表している。

　ここで、「公共財を消費するとき、対価を支払わない人を排除できないのならば、いっそ払わないほうが得なのでは？」と考えた人はいないだろうか。あるいは、「その公共財は、使わない（消費しない）から、代金は支払いたくない！」という人がいるかもしれない。このことは公共財の議論では**ただ乗り（フリー・ライダー）**の問題として常に、議論されてきたことである。財の消費者がその代金を負担する（受益者負担）私的財とは違い、公共財は受益者負担が成立しにくい。誰がどの財をどの程度消費するのか、といったことは、なかなか把握できないし、そもそも受益者負担ではなく税金で公共財を供給する場合には、必ずしも税を支払った人に必要とされる財が供給されるとは限らない。健康でバリバリ働いている人が納めた税金で、病院が建てられるかもしれないのである。いわゆる納税者と受益者の乖離である。このような場合には、なおさら、ただ乗りの誘惑は大きくなると思われる。このようなただ乗りの問題への対策として、費用便益分析を用いて、政府がある公共財の供給がどの程度社会的な便益を増加させるのかを推計する方法や、所得の再分配を進めることで、ただ乗りの誘因を小さくすることなどが提案されているが、現実にはなかなか困難である。

2　公共財の最適供給

　前節でみたように、公共財には非排除性と非競合性という性質があるが、私的財とは異なる性質を持つ公共財は、どのように供給されるべきであろうか。たとえば、交番を設置するとする。どこにつくればよいのだろう。市町村ごとに数が決まっているのか、○○平方キロに一つなのか、まさか「この辺にしとこうかな！」ではないだろうし……。公共財がいかに供給されるべきかについては、第2章2節で用いたパレート最適の基準をもとに議論される。

　今、限られた資源と一定の生産技術の下で、一つの公共財と一つの私的財が生産される経済を考える。したがって、個人A, Bは、公共財gと私的財xから効用を得る。よって個人の効用関数は、

$$u^A = U^A(g,\ x^A)$$
$$u^B = U^B(g,\ x^B)$$

と表すことができる。また、このときの生産可能性曲線は、

$$x = f(g)$$

となる。ここで、公共財には、非競合性という性質があるため、各個人は等量消費することができる。それに対して私的財は、経済に存在するすべてのxが個人A, Bに余ることなく配分される。したがってそれぞれ、

$$g = g^A = g^B$$
$$x = x^A + x^B$$

と表すことができる。

　図3-2は効用水準を表す無差別曲線と生産可能性曲線をそれぞれ図示したものである。

　図3-2(a)、(b)のu^A, u^BはAとBの効用水準を表し、図3-2(c)のfは生産可能性曲線を表している。今、個人Bの効用を一定としたとき、最大となる個人Aの効用について考える。u^Bを図3-2(c)に書き入れ、曲線

図 3-2　公共財の最適供給

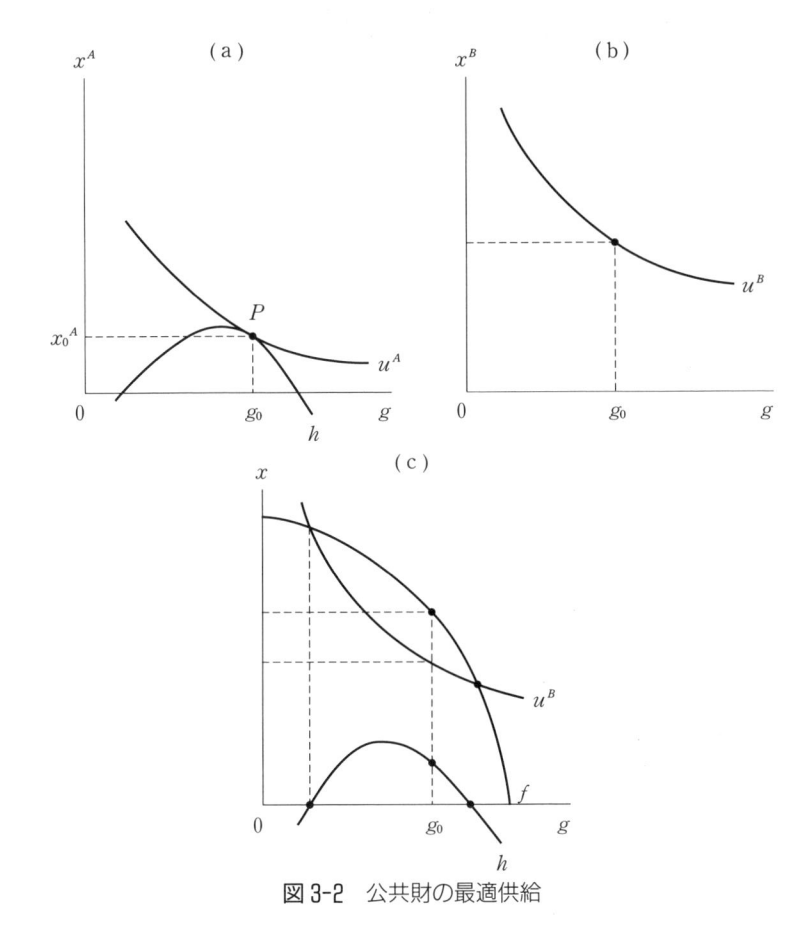

f と u^B の縦軸方向の差をとったものを曲線 h で表す。曲線 h は、B の効用水準 u^B を一定としたとき、個人 A が消費することが可能となる公共財と私的財の組合せを表している。この曲線 h を図 3-2(a) に書き入れると、個人 A が消費可能な公共財と私的財の下で、効用が最大となる水準 u^A と、効用が最大となる消費の組合せが P 点で示される。P 点においては、個人 A の無差別曲線と曲線 h が接していることから、無差別曲線の接線の傾きすなわち限界代替率（MRS^A）と曲線 h の接線の傾きが等しいことがわかる。曲線 h は曲線 f と u^B の縦軸方向の差であるから、曲線 h の傾きは曲線 f

の傾きと u^B の傾きの差に等しい。すなわち限界変形率（MRT）と個人Bの限界代替率（MRS^B）の差に等しい。このことから、

$$MRS^A = 曲線\ h\ の傾き = MRT - MRS^B$$

よって、

$$MRS^A + MRS^B = MRT$$

と書くことができる。これは、「パレート最適ならば、個人の限界代替率の和が限界変形率に等しい」ことを意味しており、最適な公共財供給に関する**サミュエルソン条件**と呼ばれるものである。限界代替率は私的財1単位で測った公共財の価値を表し[2]、公共財1単位を手に入れるために、その個人が支払ってもよいと思っている費用とも考えられる。限界変形率は公共財を生産するために必要な限界費用を、私的財で測ったもの、つまり公共財を供給するための社会的費用である。したがって、上式は、パレート最適ならば、私的費用の和が社会的費用に等しいということも意味している。

このことを数式を用いて確かめる。個人Bの効用を一定として、個人Aの効用を最大にする場合を考える。p.48の定式化を用いて、個人Aの効用関数

$$u^A = U^A(g,\ x^A)$$

を、4つの制約条件の下で最大化する。

$$\bar{u}^B = U^B(g,\ x^B)$$
$$x = f(g)$$
$$g = g^A = g^B$$
$$x = x^A + x^B$$

これを解いて、

$$\frac{\partial U^A/\partial g}{\partial U^A/\partial x^A} + \frac{\partial U^B/\partial g}{\partial U^B/\partial x^B} = -f'(g)$$

が得られる。これは左辺第1項が個人Aの私的財の公共財に対する限界代替率を表し、第2項が個人Bの私的財の公共財に対する限界代替率を表している。右辺は限界変形率である。したがって、個人Aと個人Bの限界代

替率の和が限界変形率に等しくなっていることが確かめられる。

3 公共財供給のためのメカニズム：ナッシュ解、リンダール解、クラーク解

　前節において、公共財の最適供給条件が明らかになった。本節では、公共財を供給するメカニズムについて議論する。サミュエルソン条件を満たすような最適供給量は実現できるのであろうか。本節では、公共財を供給するメカニズムについて、限界便益と限界費用の点から比較検討する。

　公共財は、1節で定義したように政府によって供給されるとは限らない。政府が供給しない財や、政府の供給量以上に需要があるような財は民間企業が供給することもある。企業は市場機構を通じて公共財を供給し、私的財の場合と同様に利潤最大化をはかる。個人は、すでに供給されている公共財の量では足りない場合に企業によって供給されている公共財を、効用が最大になるように消費する。このとき公共財の限界便益＝限界費用が成り立っている。この場合、この個人は、自分以外の人が消費する公共財の量は一定であると仮定している。すなわち、自分が公共財を購入することによって、他人が消費量を変更することを考えないのである。しかし、現実には公共財には非競合性と非排除性があるために、自分が公共財を購入することによって、他人にもその便益を与えている。その結果、その他人は公共財を購入する費用を負担することなしに、便益のみを享受することができる。「ただ乗り」が可能なのである。たとえば、隣同士の2軒が、ともに家の前が暗いので街灯を設置することを考えていたとする。そのうちの1軒が先に設置すると、当然もう1軒の家の前も明るくなり、その家では、設置する必要がなくなる。その家は、何の負担も負わずに、街灯の便益を得ることができるのである。そして、世の常として人は後者になりたがるものである。つまり実は、

$$\text{限界便益の和（＝1軒目の限界便益＋2軒目の限界便益)}>\text{限界費用}$$

となっているのである。このことは公共財が社会的な最適水準より過少に供

給されていることを示している。これをナッシュ均衡と呼ぶ。ナッシュ均衡では、公共財の他人へ波及する便益が内部化されないために、ただ乗りの誘惑が生じ、誰もが他人の消費をあてにするため、結果として公共財が過少にしか供給されないのである。

　ナッシュ均衡では、公共財が市場で供給されたために過少に供給され、パレート最適な資源配分は達成されなかった。では次に、公共財供給に関して政府がより大きな役割を果たすリンダール方式について述べる。リンダール方式は、公共財の供給についても私的財と同様、受益者負担の原則を適用しようとするものである。この場合、ある公共財に対してより大きな効用を得る人ほどより多くの負担を負うことになる。そのやり方は、次のとおりである。

　ステップ1　政府が個人にそれぞれの公共財の負担比率を示す。

　ステップ2　個人は示された負担比率のもとで、効用が最大となるような需要水準を示す。

　ステップ3　個人の示した需要水準をもとに、すべての個人の需要量が等しくなるように負担率を調整し直す。

　ステップ1〜3の手順で、公共財が供給されれば、各個人は公共財の需要量に応じてその代金を支払うので、私的財と何ら変わらず、効率的な資源配分は達成されるだろう。しかし、果たしてこの方式は成功するであろうか？

　答えは、NO！である。ナッシュ均衡でも述べたとおり、公共財にはその非排除性という性質のために、常にただ乗りの誘惑があるからである。この場合、個人が自分の必要とする公共財の量を正直に申告しなければならない誘因がない。つまり個人は頻繁に使用すると思われる公共財についてもその需要量を過少に申告することで、負担比率を実際より低くすることが可能である。このとき、個人は実際の消費量に見合った代金を支払うことなく、公共財を（十分に）消費することができる。結局、リンダール方式によっても

　　　　　限界便益の和＞限界費用

となり、効率的な資源配分は達成されない。

リンダール方式が成功しない理由は、個人が公共財の需要量を過少に申告し、自分の負担分を少なくしようとすることであった。それならば、各個人の負担分を自己申告によらずに知ることができたら、ただ乗りはなくなるのではないだろうか。このことについてクラーク（E. A. Clarke）はクラーク・メカニズムを提案した。すでにみてきた公共財供給に関するパレート最適条件

　　　　　限界便益の和＝限界費用
は、

　　　　　ある１人の個人の限界便益＝限界費用－残りの個人の限界便益の和
と変形することができる。この場合、ある個人の限界便益は、その個人以外の人々の限界便益が正しく申告されている限り、過少に示されることはない。各個人は自分の限界便益の申告が、自分の負担比率とは無関係であるため、過少に申告しても負担比率が低くなるわけではない。この結果、限界便益が正しく申告され、需要量に見合った負担を負うことになり、最適な資源配分が達成される。

　クラーク・メカニズムは、公共財の需要という個人の選好にかかわる情報が顕示される方法として高く評価されている。しかしながら、クラーク・メカニズムは大変複雑なため、便益が広範囲に及び、大多数の人がかかわるような公共財の場合には、実行は不可能であろう。

4　費用便益分析

1　費用便益分析の必要性

　公共財の最適供給メカニズムであるリンダール解は、各消費者が設定されている価格に対して需要として本当に望む公共財の量を報告するインセンティブを持たないという欠点がある。またクラーク解はそのような欠点を補っているものの公共財の供給に必要な費用を税でまかなえないことが発生する。そのため、現実の公共財の供給は政治や行政での決定プロセスに委ねられて

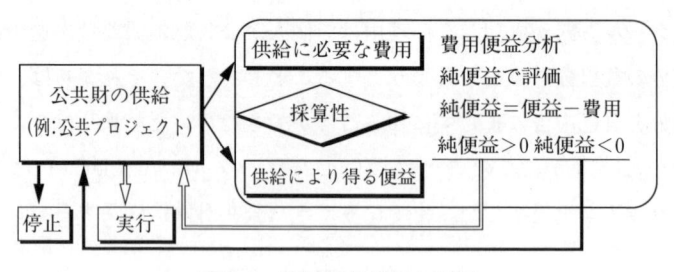

図3-3　費用便益分析の概要

いる。

　政府や地方自治体の公共部門で施行する公共財の供給、たとえば公共事業のプロジェクトは民間からの一定の資金を調達して行われる。そして人々がこの公共財を利用するとき、すでに支払っている税金の一部が料金としてあてられたり、設定された利用料金を支払う（特別な場合は無償で利用可能なケースもある）ことにより、公共財の便益を受けることができる。つまり、政府や地方自治体は公共財の供給にも収入（もしくは便益）と支出（もしくは費用）が発生するため、採算性を一つの評価基準として公共財の供給を検討することも可能である。政府や地方自治体が民間企業と大きく異なる点は、民間企業の目的は利潤の追求であるが、政府や地方自治体は国民経済・社会全体の厚生に貢献することを目的としている。そのため、政府や地方自治体は本来の目的を踏まえて自ら公共財の供給を決定する必要がある。この決定を可能にする明確な方法をあげることは難しいが、現実的な指針として用いられているものに**費用便益分析**がある。この分析の代表的な手法は純便益を検討する評価法で、公共財の供給によって得られる便益から公共財の供給にかかわる費用を差し引いた純便益の大きさで公共財の供給を実施するかどうかを決定するのである。つまり、便益が費用を上回れば純便益がゼロより小さくなるため公共財の供給を実施し、費用が便益を上回れば純便益がゼロより大きくなるため公共財の供給を停止する。

2　社会的便益の推定と問題

　費用便益分析を行うにあたり、公共財の供給によって得られる便益を正確に計測することが最も難しい作業である。政府や地方自治体が公共財を供給し、人々がその公共財を消費した時点での効用の変化について金銭評価をしなければならない。その際、公共財の供給前と供給後の比較や、公共財の供給にある一定の仮定をおいて効用の変化の検討を行い計算する必要がある。

　図 3-4 は横軸に公共財の数量、縦軸に公共財の価格、そして公共財の需要曲線を示してある。公共財の需要曲線は公共財を消費する人々がそれぞれの数量の下で公共財に対して限界的にいくら支払うかを示したものである。公共財の価格が P' であれば社会的便益は需要曲線の下の面積 $0Q_eEP'$ であり、この価格が P'' に低下すれば社会的便益は面積 $0Q_eEP''$ のように小さくなる。

　社会的便益を推定する場合、公共財を料金制にして消費を可能にするケースや公共財を消費する人が市場を通して購入できるケースなどは実際の価格と購入価格を用いることによって計測することができる。しかし、公共財が生産要素として企業活動に影響を与え、その結果として生産された財・サービスを消費者が購入したケースは、さまざまな要因で効用に影響を与えることもある。政府や地方自治体にとって公共財が与えた消費者への効用の変化のみを抽出することはとくに困難である。

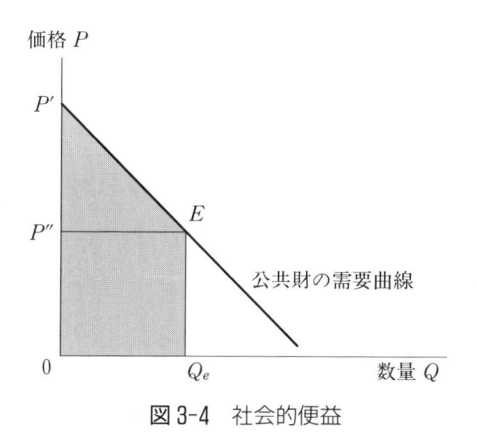

図 3-4　社会的便益

3　異時点間の評価

　費用便益分析は、公共財を供給することによる社会的便益から費用を差し引いた値がプラスになれば公共財の供給における採算がとれているため実行し、また、逆にマイナスになれば停止するものである。しかし、政府や地方自治体が主体となって行う公共財は、人々に提供するまでに多期間（異時点間）が必要であったり、供給する期間そのものが長期にわたることも多い。これは、空港建設プロジェクトや高速道路建設、ダム建設などをイメージしていただきたい。

　ここで問題になるのは異時点間での価格評価である。この価格評価の基本的な考え方は、今日の1000円は明日の1000円とは実質的に異なっていることである。現時点で1000円を所有し、銀行に預金するとき、利子率（年率）が5％であるとすると、1年後に1050円を受け取ることができる。そのまま預けておけば2年後は1102.5円を受け取ることができる。金額をm円、銀行に預ける年数をT、利率はr、そしてインフレーションがないと仮定して式で示すとT年後は$m(1+r)^T$になる。また、先の銀行への預金と2年後に1000円を受け取る内容の取り決めをした契約を比較すると、預金をすれば2年後1102.5円となるので、後者の1000円を受け取る契約はお金を受け取る側が損をしていることになる。つまり今日の1000円と銀行に預けた2年後の1102.5円は価値が同じであると考える。そこで、割引率を用いて将来の価値を現在価値に直してみると、$\frac{m}{(1+r)^T}$となる。これが**割引現在価値**である。割引率は将来受け取るあるいは支払うお金の現在価値を計算できる比率である。なお、mを除いた$\frac{1}{(1+r)^T}$は割引要素という。これらを用いると純便益の現在価値（Net Present Value：NPV）[3]を算出できる。便益をB、費用をC、純便益をNB、割引率をr、年数をT（便益と費用の添え字は各年）とすると、以下のように示される。

　　純便益の現在価値：

表3-1 5年間の仮想的な公共プロジェクト純便益の
割引現在価値（単位：万円）

年	便益	費用	純便益	割引要素	純便益の割引現在価値
1	0	1000	−1000	1	−1000
2	600	300	300	$1/(1+0.05)$	285.7
3	600	300	300	$1/(1+0.05)^2$	272.1
4	600	300	300	$1/(1+0.05)^3$	259.2
5	600	300	300	$1/(1+0.05)^4$	246.8
計	2400	2200	200		63.8

出所：スティグリッツ(1996)、p. 241の表9.1を参考に筆者が作成。

$$NB = B_0 - C_0 + \frac{(B_1 - C_1)}{(1+r)} + \frac{(B_2 - C_2)}{(1+r)^2} + \frac{(B_3 - C_3)}{(1+r)^3} \cdots \frac{(B_T - C_T)^T}{(1+r)^T}$$

　表3-1は5年間続く仮想的な公共プロジェクトの費用と便益、純便益、純益の割引現在価値を示したものである。1年めは便益0円、費用1000万円、純便益と純便益の割引現在価値は同額の1000万円のマイナスになる。2年めは便益が600万円、費用が300万円、純便益が300万円となり、純便益の割引現在価値は純便益に割引要素を掛け合わせた285.7万円になる。各年においても同様の計算を行い5年後合計値を算出すると、純便益の割引現在価値は63.8万円になる。したがって、この公共プロジェクトの実行は正当化されることになる。

　費用便益分析の計算過程を考えると、割引率の大きさによってプロジェクト評価結果が異なるため割引率の設定はきわめて重要な問題になる。人々が将来の価値より現在の価値を高く評価する要因は、消費者サイドが時間選好を持っていることがあげられる。消費者は生涯が限られており、将来必ず便益を得られるとは限らない。さらに、消費者は将来所得が高くなっても所得に対する相対評価が人によってそれぞれ異なっている場合もある。また、企

業は将来行う投資によって収益を得るとき、投資の収益率が現在と将来の価値を示すものになる。民間の資本市場が完全であれば時間選好率と投資の収益率は等しくなるが、公共財の場合はこの2つが大きく異なる。そこで、便宜的に政府の借入れ利子率である長期国債を用いることもある。また、民間部門の割引率よりも低い社会的割引率を用いる方法もある。

4 その他の評価方法内部収益率法

割引現在価値を用いたその他の方法としては**費用便益比率法**（Benefit Cost ratio method：B/C）があげられる。これは、各時点の便益から費用を差し引いて計算した純便益から現在価値を求めるのではなく、費用と便益それぞれについて現在割引価値を計算したうえで費用便益の比率を求めるものである。費用便益比率の値が1よりも大きければ公共財の供給を実施し、1より小さければ実施しないというように用いられる。つまり費用便益比率が1であることは純便益がゼロであることと同値なのである。

費用便益比率法（変数の意味は前式と同様）：

$$B/C = \frac{\{B_0 + (B_1/(1+r)) + (B_2/(1+r)^2) + \cdots + (B_T/(1+r)^T)\}}{\{C_0 + (C_1/(1+r)) + (C_2/(1+r)^2) + \cdots + (C_T/(1+r)^T)\}}$$

また割引現在価値とは異なる判定方法の一つとして**内部収益率法**（Internal Rate of Return method：IRR）がある。これは異時点間の純便益の割引現在価値の総和がゼロになるような割引率を計算し、その割引率が市場利子率よりも高ければ公共財の供給（たとえば公共プロジェクト）を実施すると判定するものである。ここで計算された割引率は内部収益率であり、公共財の供給が毎期ごと平均してどの程度の収益を上げるのかを示している。つまり、この公共財供給による内部収益率と、私的財として他の民間投資の資金で必要な機会費用（収益率）、たとえば市場利子率を比較して公共財の供給の実施を判定するのである。この方法は世界銀行をはじめとする国際機関のみならずほとんどの援助国での標準的な投資基準として用いられている。

内部収益率法：

$$B_0 - C_0 + \frac{(B_1 - C_1)}{(1 + r)} + \frac{(B_2 - C_2)}{(1 + r)^2} + \frac{(B_3 - C_3)}{(1 + r)^3} + \cdots \\ + \frac{(B_T - C_T)^T}{(1 + r)^T} = 0$$

5　社会資本

1　社会資本の定義

　私たちの経済には、国民が共同で利用する道路や橋、そして港湾や空港などの資本と、個々の企業が生産活動で用いる生産設備の資本などさまざまな資本が存在している。私たちはこれら資本を基盤にして経済活動を行い、社会生活を営んでいる。資本には政府や地方自治体が整備する資本と民間企業が整備する資本があるが、近年ではより効率的な行政運営の一環として規制緩和を促進し、公的企業が民間企業に転換するようになってきている。年々、公共資本と民間資本の領域は変化しつつある。ここでの公共資本と民間資本は資本を整備した主体と整備した資本の所有権を持つ主体という観点で区別することができる。また、利潤の追求や私生活向上のための投資だけを行うと、社会の必要性からみて著しく不足したり不均衡になったりする資本が存在することになる。このような資本こそが**社会資本**として政府や地方自治体が介入することによって供給されるのである。表3-2は社会資本の生み出すサービスの特性に着目して分類したものである。

表3-2　社会資本と公共資本

	社会資本	それ以外の資本
公共資本 （一般政府・公企業）	道路、港湾、航空、環境衛生、上下水道 治山治水、都市計画、地下鉄、文教施設 公営住宅、厚生福祉等	印刷、駐車場、林野 観光施設等
民間資本	私鉄、通信、電力、ガス、航空等	民間の一般企業の資本

出所：奥野他（1994）、p.5の表1-1。

```
(社会資本)          (効果)              (特徴・性質)         (主体者・事業者)
道路、治山治水、    → 公共財的なサービス → 非排除性         → 政府・地方自治体
都市計画など                              非競合性              ↑
                                                                │
環境衛生、文教施    → 外部経済効果がある ─────────────────────┘
設、厚生福祉                                                規制│
                                                                ↓
上下水道、地下鉄、→ 社会生活インフラ  → 自然独占における弊害 → 民間企業
電力、ガス、通信     公益事業
                                                          
港湾、航空         → 産業基盤インフラ  → 資金の不足          → 公企業
                     大規模事業            長期の建設事業
```

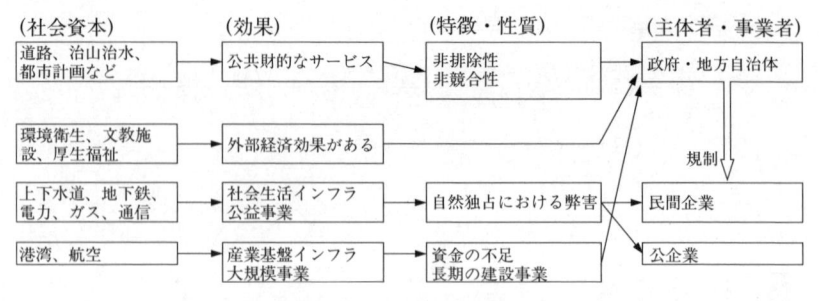

図3-5　社会資本の要因

　表3-2に含む資本について社会資本と位置づけられるポイントをまとめたものが図3-5である。道路や治山・治水、都市計画などは公共財的なサービスを与え、非排除性と非競合性をあわせ持っている。したがって、市場メカニズムにおいては社会的に最適な量を供給できないため、政府や地方自治体が供給する必要がある。また環境衛生、文教施設、厚生福祉は著しい外部経済効果があるため、政府や地方自治体が供給する必要がある。上下水道や地下鉄、電力、ガス、通信は社会生活にはなくてはならない生活インフラであり、この産業自体は自然独占である[4]。それによって政府や地方自治体がきわめて厳しい規制を課す中で民間企業が行うか、または公企業が行うかのどちらかになる。港湾や空港は産業基盤インフラであり大規模事業である。このような事業は資金の不足や長期の建設事業になることから政府や地方自治体が主体になって取り組む必要がある。

2　社会資本の規模

　近年の社会資本の推移を示したものが図3-6である。1999年の社会資本の規模は約804兆円で1975年と比較すると約4倍にまで増加している。伸び率は1988年以降4～5％増加をしている。1999年の1人当たり社会資本は1239万円と年々増加しているが、1980年代半ばは電電公社や国鉄の民営化により整備主体が公的企業から民間企業に変更され増加幅がいったん低下している。

図 3-6　社会資本の規模

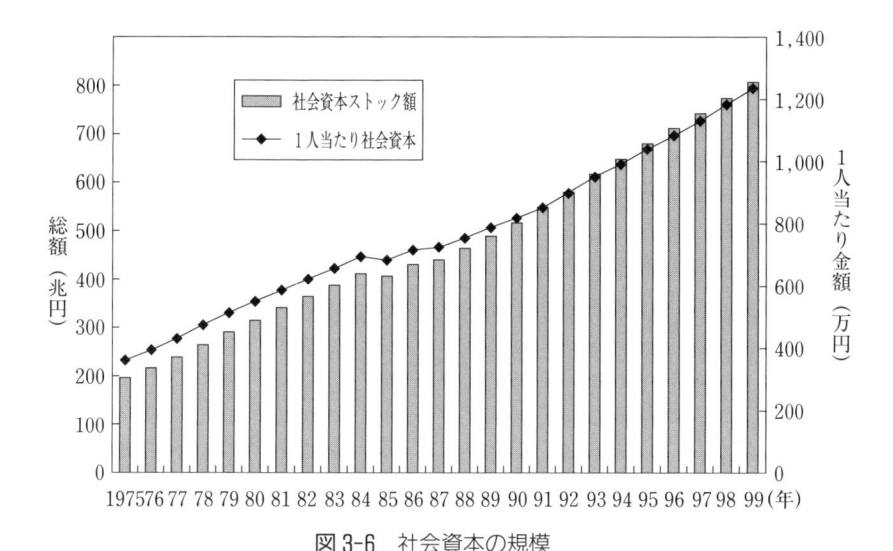

出所：経済企画庁総合計画局（1998）。ただし、1994〜99年は筆者の推計である。

3　社会資本の役割

　社会資本は、各事業目的に合わせた産業基盤や生活基盤などを整備することに用いられて生活環境向上によるアメニティ効果や住民の効用を高める効果をもたらす。社会資本への投資によって、港湾や空港や道路などが建設されると民間企業の生産活動はこれらを利用することで効率的になり、生産力を高めることにつながる。民間企業の生産力が高まることは労働者の所得を増加し、この所得は消費の増加をもたらす効果がある。また、企業利益の増加は投資をうながすなど、直接的に有効需要創出効果や雇用創出効果をもたらす。さらに、公共投資や社会資本は所得再分配の機能も兼ね備え、地域経済の所得格差の是正にも貢献してきたと考えられている。

　アメリカにおいては1970年代と1980年代に経済成長が低下した原因として社会資本の蓄積の鈍化が指摘されている。社会資本が経済成長に貢献する要因として重要な役割を持つことが先の分析事例も含めて研究されている。日本における社会資本については、産業基盤や生活基盤などの各分野に対す

る社会資本の配分比率の硬直性問題が効率的な経済に貢献できる社会資本の役割を阻害していると指摘されている。

このようなことから、社会資本の蓄積水準が資源配分の効率性の観点から適正な水準になっているかどうかを検討することは、生産に与えるプラスの効果や所得再分配効果を踏まえるときわめて重要な問題であるといえる。さらに資源配分の効率性の観点から社会資本を適切に蓄積することは、政府や地方自治体にとって難しい問題である。なぜなら社会資本は市場メカニズムを経由しないため政府や地方自治体が最適な水準を自ら設定しなければならないからである。

では、最適な社会資本の水準を決定する方法の一つを紹介しよう。最適な社会資本の水準は、民間資本と社会資本の蓄積経路に関する最適性の議論で検討することができる。民間資本と社会資本の減価償却率を簡単化のために同一であり、民間資本と社会資本は相互に変化が可能、そして完全雇用を仮定におくと、民間資本の限界生産性が社会資本の限界生産性より高くなることが最適性の条件から導き出されることになる。社会資本の限界生産力が民間資本の限界生産力よりも高ければ社会資本が相対的に不足していることを示す。その結果[5]、1950年代後半から1960年前半までは日本の社会資本は高く、社会資本は不足していたと考えられる。1960年代半ばから約10年間は民間資本の限界生産性の方が高くなっており、1970年後半からは社会資本の蓄積が急速に進んでいった。その結果社会資本の不足は解消されたという研究も行われている。

4　社会資本整備の現状と課題

社会資本の整備は政府や地方自治体が主体となり、その財源は租税として国民から徴収された公的資金や公債発行や財政投融資資金によって調達された資金である。近年、財政構造改革の必要性の議論から、赤字国債発行や建設国債の抑制を念頭においた歳出面の見直しの重要性が指摘されている。そのため、とくに社会資本整備のための財源として、社会資本の受益の範囲に

よって規定されるものについては民間企業やそれに近い独立採算の非営利団体が主体となり受益者自身の負担で、社会資本整備を行うケースも増えつつある。たとえば、高速道路などは利用者から料金を調達できることからクラブ財と同様の性質を持っている。このように公共財でありながら排除性がある場合は、民間企業やそれに近い独立採算の非営利団体が主体となり受益者自身の負担で社会資本整備を行うことが可能である。

社会資本整備の問題については、公共用地取得の際日本の地価がきわめて高いため、社会資本整備の実施に困難を強いられることもある。そのため、高額な用地取得を行うときその用地に建設される社会資本から得られる効果を十分に考慮する必要がある。また、社会資本の整備に必要な膨大な資金規模を考えると、社会資本整備における開発利益を吸収、還元することも重要である。社会資本整備により近隣地域の地価が上昇するような場合は、上昇した地価に課税し資金を回収し、社会資本整備の財源に取り込むことも必要である。

● ── 注

[1] 等量消費できるということは、すべての人の消費量が同じということを意味し、その消費から同じ効用を得るということではない。初学者は混乱しやすいので注意が必要である。同じ公共財を同じだけ消費しても、そこから得る効用は人によって異なる。たとえば、環境政策の結果、空気がきれいになったとしよう。すべての人がきれいな空気を吸うことができるが、もともと呼吸器が弱い人の方が、この公共サービスから受ける効用が大きいと予想される。

[2] 第2章で述べたように、限界代替率は各財に対する限界効用の比であり、私的財1単位が公共財では何単位に当たるかを表すものである。

[3] または割引現在価値基準 (present value criterion) という。

[4] 上水道が公共的に供給する理由は衛生基準の確保と役割がある。

[5] ここでは、三井・太田 (1995)、pp. 43-65 を参照している。用いている社会資本の最適性の理論については一定の仮定をおいて、試算したものである。

― 練習問題 ―
1 公共財の性質に関する次の記述のうち、正しいものはどれか。
　①すべての人が同時に等量消費できる。
　②他人よりも軽い負担で公共財を利用しようとすることをただ乗りと呼ぶ。
　③消費の競合性が成立する。
　④便益と負担の対応関係が明確である。
　⑤排除不可能性をその性質として備えた公共財の具体例として、高速道路がある。

2 2人の消費者XとYが存在する社会において、それぞれの消費者の公共財に対する需要曲線が以下のように示されるとする。
　　消費者X　：　$P_x = 10 - Q_x$
　　消費者Y　：　$P_y = 20 - Q_y$
この公共財の生産に要する限界費用曲線が、$MC = 4Q$ であるとき、パレート最適を実現するための公共財の最適供給量はいくらか。

3 公共財の最適供給量の決定に関する記述として、正しいものは次のうちどれか。
　①サミュエルソンは、市場機構においても公共財の最適供給量が実現しうることを理論づけた。
　②公共財は、どの水準で生産してもパレート最適が実現されない。
　③集団的交換を通じた公共財の均衡産出量と費用分担に関する解を「クラーク解」という。
　④各個人の限界評価に応じて、費用を分担させようとすると、すべての消費者が公共財の価値を過大評価するおそれがある。
　⑤リンダールは、公共財の効率的産出量を実現するためには、消費者が各人の限界便益に応じた費用を支出すべきであるとした。

4 公共財に関する次の記述のうち、正しいものはどれか。
　①公共財の特徴は消費における非競合性を持つ財である。公営プールは公共財に該当する。
　②公共財における供給量を決定する情報提供の手法の一つとして費用・便益分析がある。これは、貨幣評価によって費用と便益を推定する。
　③公共財のパレート最適供給量になるところは人々の限界評価（効用）の合計が社会的限界費用に等しくなるところである。
　④公共財の供給は国民経済および社会全体の厚生に貢献することが目的であるため、国民の望む限り供給するべきである。
　⑤リンダール均衡のときはただ乗り問題は存在しない。

第4章

外部性と環境政策

1 外部効果の定義と市場の失敗

　財・サービスは、需要と供給のメカニズムによって市場で配分されている。この市場が完全競争市場であれば、パレート最適な資源配分を実現することができる。このような完全競争市場になるための条件の一つは、すべての財・サービスの所有が誰であるかが決まっており、さらにそれらを交換するための市場が成立していることである。もう一つの条件は、すべての財・サービスの需要と供給が一致するような価格体系が存在し、消費者と生産者が与えられた価格によって消費や生産の水準を最適に決定できることである。しかし、実際には公共財のように誰もがその財を利用できる一方で、利用するすべての人に利用料金を徴収することが困難な場合も存在する。そのとき、他人の支払う費用に依存するため需要が増大することから過少供給になる可能性もある。また、私たちの日常生活の中には今まで価格評価されていない環境などのように市場で取引されない財が存在する。これらは、実際消費者の財・サービスへの選好や企業の生産活動に影響を及ぼすこともある。この状況が**外部性**の存在する場合である。このときは完全競争市場が成立しないので、市場による資源配分がパレート最適にはならない。そのため**市場の失敗**といわれている。

ここでは、外部性についてさまざまな例を用いて解説してみよう。
　日本の高度成長期に起きた公害では、大気汚染や水質汚染、騒音問題などさまざまな被害をもたらしたことはよく知られている。四日市公害は化学工場の生産活動により排出した排煙に高濃度の硫黄酸化物が含まれていた。工場周辺の住民は大気環境の悪化により、快適な日常生活を送ることができず、病気になるようなケースも現れた。つまり住民の効用をこの高濃度の排煙が低下させたのである。このような状況の類似例は現代の日常生活でも示すことができる。喫煙はタバコをたしなむ人にとっては気分転換になるなど自分の効用を高めるものになっている。しかしその喫煙家と同じ場所を共有しなければならない禁煙家にとっては、他人が勝手につくり出したタバコの煙によって自分の健康に何らかの害を与えられ、衣服にタバコの煙がついたりタバコの煙が含まれる空気を吸い不快な気分になるなど効用を低下させられる。タバコの購入自体は市場で購入され、生産者に利益をもたらすが、禁煙家にとっては自分が購入していないものによって効用を低下させられている。
　また、近所に花や木々がとても立派な庭を持つ家があるとしよう。近隣の住民はそこの庭に咲く花や木々の緑を楽しむことができる。周辺住民は花や木々の手入れを何もしないのにもかかわらずこの庭の存在によって自分の効用を高めることができている。このように、市場での取引なしで別の人の効用に影響を与えていることを外部性という。これは、「ある経済主体の経済活動が市場を通さずに、別の経済主体の効用関数（消費者の場合）や生産関数（生産者の場合）に直接影響を与えること」と定義される。
　経済主体に影響を与える際に正（プラス）の影響を与えることを外部経済といい、負（マイナス）の影響を与えることを外部不経済という。外部経済の例として、養蜂業を営む地域の周辺に果樹園がある場合を考えてみよう。養蜂業者は、果樹園から受ける花の蜜を得るなど果樹園の存在によって花の蜜の便益を得ることができる。その一方で果樹園も養蜂業者の蜂が果樹園の花の交配を促進させている可能性があればプラスの効果を受けることができる。

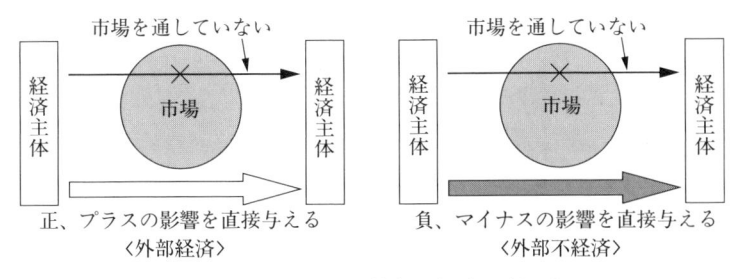

図 4-1　外部経済と外部不経済の考え方

　外部不経済としては、消費者の生活面では隣の家のピアノやペットの鳴き声、カラオケの騒音などがあげられる。また、生産活動としては公害における大気汚染や水質汚染などの問題や騒音や振動、有害汚水排出さらに漁業被害や近隣環境被害などが外部不経済の問題としてあげられる。

　外部性における効果、つまり外部効果には**金銭的外部効果**と**技術的外部効果**の 2 つがある。技術的外部効果は以下の例で示すことができる。たとえば自動車の利用を減らした場合、排気ガスの排出量を減少させたり、騒音を減らしたりすることにつながる。また道路における混雑現象を緩和するように、地域経済の便益をもたらすことにも貢献する。この場合、自動車利用の減少による効果は、実際に市場では取引されずに、地域住民に直接影響を与えることになる。このようなケースが技術的外部効果である。

　金銭的外部効果は地域を開発することによって、土地の付加価値の上昇をもたらすような経済主体の行動が、市場を経由して他の経済主体に影響を与える効果を示す。この場合、土地の所有者の効用水準は高くなる。金銭的外部効果は市場を経由し、価格に反映されるので市場の失敗を起すことはないのである。

　次に外部性について図と表を用いて解説する。ここではまず競争的均衡について解説することからはじめたい。

　図 4-2 は横軸を数量 Q、縦軸を価格 P にし、そこに需要曲線と供給曲線を引いたものである。需要曲線 DD' と供給曲線 SS' の交点 E における価格

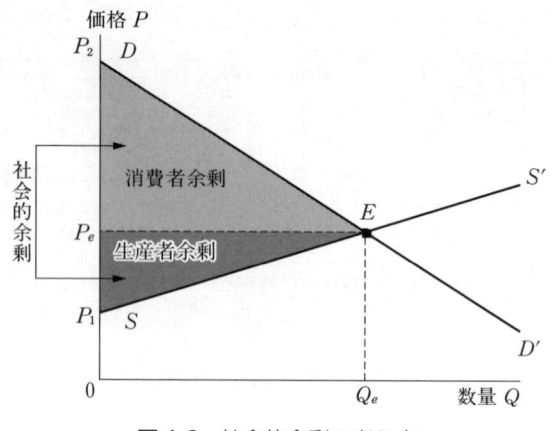

図 4-2 社会的余剰の考え方

を P_e、数量を Q_e とすると、消費者は全体 $0Q_e$ だけ財の数量を購入し、$0P_e$ の価格を売り手に支払い取引を行う。つまり消費者は1単位購入するのに $0P_2$ の価格を支払ってもよいと考えていたが、この取引によって $0P_e$ を支払うことで済ますことができる。$0P_2$ から $0P_e$ を除いた P_eP_2 を得したことになるため、面積 P_eEP_2 は消費余剰（consumer surplus）と呼ばれる。消費者が支払ったのは図中の面積 $0Q_eEP_e$ で示された部分である。供給曲線 SS' は生産者の供給量に対する限界費用を示しているため、生産者が1単位生産する際の価格 $0P_1$ は生産者にとって最低限必要な価格になる。そのため、取引によって生産物が $0P_1$ を P_1P_e 上回る価格で消費者に売れたため生産者は面積 P_1EP_e を得したことになり、生産者余剰（producer surplus）と呼ばれる。この生産者余剰と消費者余剰を足し合わせたものが社会的余剰であり、市場均衡点 E で取引される場合が社会的余剰を最大にするのである。

次に外部不経済であるが、環境汚染など外部不経済を示す財は、害を与えている影響について市場での取引はされない。たとえば、化学工場の生産活動で大気汚染が起き、住民に被害を発生させたとする。この状況で罰則がないと化学工場の経営者は限界費用の中にこの被害金額を含めることはしない。このとき外部不経済は発生する。そして化学工場で生産している財は市場で

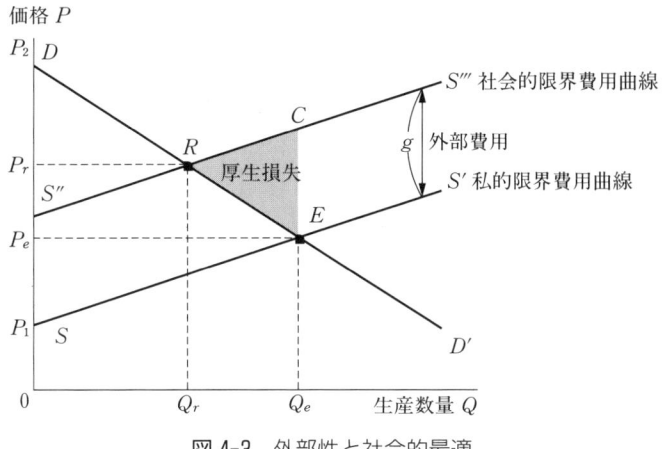

図 4-3　外部性と社会的最適

過剰供給になる。これを、図 4-3 で示しながら解説すると以下のようになる。

横軸は化学工場で生産している財の数量 Q、縦軸はその財の価格 P を示している。化学工場の生産に伴う供給曲線（限界費用曲線である）を SS' とする。SS' の価格は住民に被害を発生させた被害金額を含まないで化学工場の生産活動による製品(財)の費用であり、私的限界費用である。化学工場が住民に被害を与えた外部不経済に伴う外部費用 g を負担すると、私的限界費用はこの外部費用分だけ上回ることになる。この外部費用を加えた限界費用が社会的限界費用であり、図中では社会的限界費用曲線として $S''S'''$ で表されている。需要曲線 DD' との交点は R のため、社会的に望ましい数量 Q_r は私的限界費用の数量 Q_e より少ない。また、価格は P_e より高い P_r になる。外部費用を含めない場合は数量が Q_e となるので面積 REC の損失が生じることになる。これが厚生損失である。外部不経済を生み出す生産数量は社会的に望ましい水準（Q_r）より過大になっており、市場の失敗を示している。

数値例で示すと以下のようになる。表 4-1 は化学工場の生産数量、利潤、被害金額、社会的利益を示したものである。化学工場の生産数量が増加するに従って利潤も増加するが、数量 50 の利潤を頂点にその後の利潤は収穫低

表 4-1 外部性の数値例

生産数量（Q）	1	10	20	30	40	50	60	70
利潤（π）	10	100	200	300	400	500	490	480
被害金額（g）	1	80	170	250	365	470	475	477
社会的利益（$\pi - g$）	9	20	30	50	35	30	15	3

出所：井堀（1998）、p. 92 の表 5-1 を参考に作成。

減で低下する。つまり利潤が最大になるのは数量 50 のときの 500 である。社会的利益は利潤から被害金額を差し引いた金額であるため、社会的利益が最も多いのは生産数量が 30 の場合の利潤 300、被害金額 250 のときの 50 である。被害金額を考慮に入れず、利潤を最大にすると生産数量 50 が生産されることになる。しかし、被害金額を考慮に入れた社会的利益で利潤の最大を考えると生産数量 30 を生産することになる。この差額の 20 は外部不経済を考慮しない場合、過剰に生産されることを示している。これが市場の失敗である。厚生損失は社会的利益が最大の 50 から被害金額を考慮しない利潤最大のケースの社会的利益 30 を差し引いた 20 になる。

2 当事者間交渉による解決

社会的に最適な生産量を実現するためには、政府による介入とコースが示した当事者間による交渉の 2 つによって解決は可能である。

1 コースの定理

政府の介入なしで、民間の経済主体に任せることによって、外部性における市場の失敗を解決することができることを示したのがコース（R. H. Coase）である。コースは外部不経済を発生させる対象に対して所有権と損害賠償責任ルールの 2 つが適切に設定され、交渉のための取引費用が発生しなければ、どちらに法的権利が与えられようとも当事者間の自発的交渉で同じ資源配分がもたらされ、効率性が実現されるとしている。これが**コースの**

図 4-4 コースの定理（1）

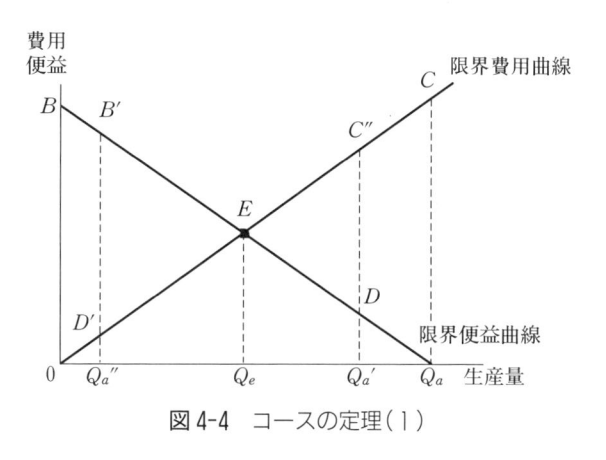

定理である。

　今、廃棄物処理の生産活動により利益を得ている会社（汚染者）と廃棄物処理による悪臭や廃棄物の搬入のために被害を被っている近隣住民がいるとする。図 4-4 は廃棄物処理会社（汚染者）によって住民に与える被害を金額で示した限界費用曲線と廃棄物処理会社の利益を示した限界便益曲線を描いたものである。被害金額を示す限界費用曲線と生産の利益を示す限界便益曲線の交点 E は住民と廃棄物処理会社の両者が納得する生産量 Q_e の状態であり、この生産量が社会的に望ましい最適水準である。ここでの廃棄物処理会社（汚染者）は廃棄物処理を行う法的権利を持っているため、住民に被害を与えるか、被害を与えないかを自由に決められる権利を持っていると仮定する。廃棄物処理会社（汚染者）はこの権利のもとで限界便益がゼロ、つまり廃棄物処理の利益が最も高い状況で生産することができる。いわば、限界便益ゼロのときに廃棄物処理会社（汚染者）の生産量は最大の Q_a になる。住民（被害者）は $\triangle 0Q_aC$ の被害を受け、最も被害金額が高い状態になる。そこで廃棄物処理会社が生産量を Q_a から Q_a' に減少させた場合、住民は面積 CQ_aDC'' の損害を減らすことができる。また廃棄物処理会社も面積 $DQ_a'Q_a$ の利益を減らすことになる。廃棄物処理会社が住民に被害金額を支払わなければならないとすると支払い被害金額が利益額より高ければ生産量

第 4 章　外部性と環境政策　71

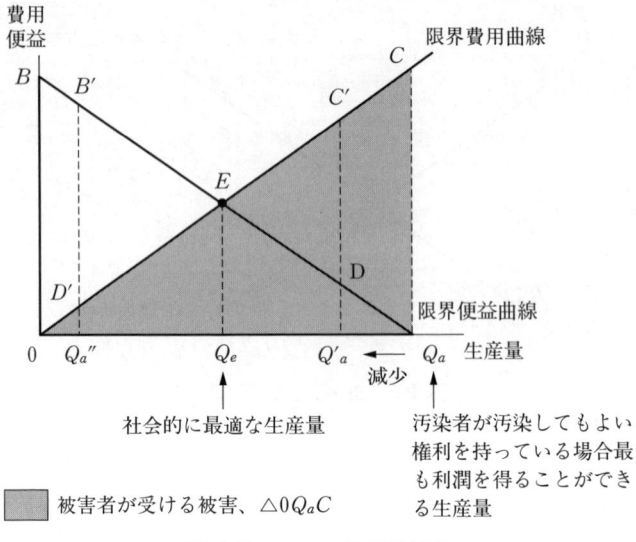

図4-5 コースの定理（2）

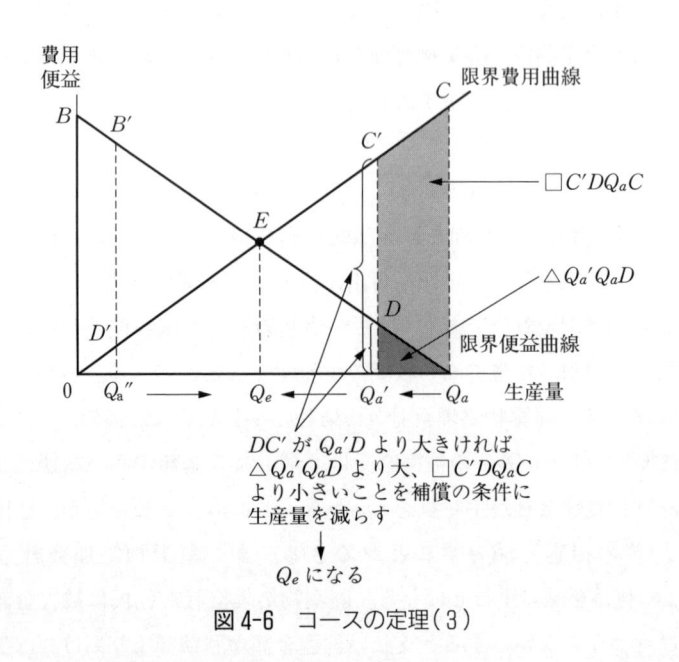

被害者が受ける被害、$\triangle 0Q_aC$

社会的に最適な生産量

汚染者が汚染してもよい権利を持っている場合最も利潤を得ることができる生産量

DC' が $Q_a'D$ より大きければ $\triangle Q_a'Q_aD$ より大、$\square C'DQ_aC$ より小さいことを補償の条件に生産量を減らす

Q_e になる

図4-6 コースの定理（3）

を減らすようになり、利益金額と被害金額が同じ生産量 Q_e まで生産量を減らして損失を減らすように行動する。

　住民が被害を受ける状態を選択できる権利を持っている場合、住民は当初損害の最も少ない生産量 Q_a'' を求めるかもしれない。そのとき廃棄物処理会社は処理に際して最も低い損害額 $Q_a''D'$ を支払うことになる。廃棄物処理会社は損害金額が小さいので、さらに住民へ補償を支払って生産を増やそうとする。限界便益がプラスになるように生産水準を増やすと均衡点 E の生産量 Q_e になる。このように権利が廃棄物処理会社にあっても、住民にあっても両者が交渉することで両者に望ましい最適水準の生産量を取り決めることができる。

　コースの定理における適用のメリットは、政府が法的な権利を明確に規定する以外は政府の役割を最小限にしていること、そして法的ルールの重要性を明確にしたことである。しかしその一方で、コースの定理の適用可能性はきわめて範囲が限定されているため現実的でないと指摘される場合もある。それは、交渉が円滑に進むとは限らないという点である。たとえば、被害者サイドの意見を統一できなければ交渉では解決されない。また貧困な者から裕福な者へ補償金額が支払われるケースも生じるなど、交渉の過程で実施される補償支払いにおいて所得の不平等が生じる場合もある。つまり所得の移転によって生じる所得効果が資源配分を歪めるのである。また、問題の解決が交渉に委ねられることから当事者が自己に有利となる戦略的な行動を行う可能性もある。

2　公害防止協定

　当事者が直接交渉を持つことによって社会的に最適な生産量を実現するものに公害防止協定がある。この公害防止協定は直接の当事者間というよりもむしろ、政府と当事者が交渉を持つことによって社会的に最適な生産量を実現するケースが多い。一般的な公害防止協定は、地方自治体と企業が企業の生産活動で排出される物質について濃度や汚染物質数量を取り決め協定を結

び、企業がこの取り決めた内容を守り、公害防止を行うというものである。

公害防止協定は1952年島根県と山陽パルプおよび大和紡績の間に結ばれたのが最初であり、その後1964年には横浜市と石炭火力発電所の建設計画を持っていた電力会社によって結ばれ、それ以降も急速に増加してきた。このように先がけとなった1964年に結ばれた横浜市と石炭火力発電所の協定が公害防止に貢献できた要因は横浜市が公害防止対策面において電力会社に対し技術的な指導や助言できる十分なスタッフを持っていたことと住民がこの公害防止協定に十分な支援を与えたことにある[1]。

公害防止協定は国の法律や地方の条例には基づかないことから、法律上における問題点があるものの、自治体と住民と企業それぞれが協定の内容や執行体制に対して理解を示すことによって協定が結ばれ正常に機能しているため現在では全国各地で公害防止協定が結ばれるようになっている。

3　損害賠償

当事者間で直接交渉がまとまらないときは、訴訟を起こして裁判所の判決によって取り決められることもある。公害に関するさまざまな立法に基づく調整は、公害への公法的対策と呼ばれるが、裁判による調整は公害の私法的救済と呼ばれる。

日本における損害賠償の支払いを求める訴訟は、損害を与えている企業の生産活動内容を見直させる効力がある一方、生産活動事態を差し止めるにはよほどの被害をもたらすと予想される場合に限られ、実際にはほとんど認められていない。

高度経済成長期に起きた熊本・新潟水俣病や四日市ぜん息の公害裁判は、因果関係の立証や汚染者による過失や不法行為の立証責任を原告被害者に課したために、原告被害者が因果関係の立証という困難な作業をしなければならなかった。そのため、原告被害者は判決が出されるまでに膨大な時間と労力、それにかかわる費用を負担することになった。また、富山のイタイイタイ病訴訟では鉱業にかかわる公害であったことから鉱業法が適用され、この

原告被害者は過失や不法行為の立証を課されなかった。このように立証なしで損害賠償を認めるルールは無過失責任制という。現行の大気汚染防止法や水質汚濁防止は人間の健康および身体にかかわる被害について無過失責任制を導入している。

3　外部性をめぐる公共政策

1　政府の介入による解決

当事者相互の交渉を成立させることによって社会的に最適な生産量を実現することができる一方で、当事者の数が多い場合や膨大な交渉費用を必要とする場合は自発的に交渉を成立させることができない。このようなときは政府による介入によって解決することになる。ここでは、直接規制と課税と補助金による政策、排出権取引市場について解説する。

2　直接規制

達成すべき最適汚染排出量がわかっているケースはそれ以上の排出を法律で禁止して、違反者には厳しい罰則を与える法律を用いる方策がある。これが直接規制である。直接規制の問題点はあらかじめ最適汚染排出量を知っている必要があり、そのためには限界費用や限界被害に対する情報が必要になる。また汚染源が複数ある場合に、排出量の割合ですべての汚染源を均等にし、汚染物質の処理の限界費用も均等にする必要がある。

少ない情報で社会的に最適水準を達成する観点から、直接規制は課税や補助金政策、排出権市場と比較すると劣る点もあるが、実際に実施することを考えるとかなり利用しやすい政策である。また、直接規制は確実に排出をゼロに抑えるときには有用である。課税や補助金政策は少ない情報で実施することはできるが、その一方で試行錯誤をする期間も必要になる。

3 ピグー税・補助金政策

　社会的最適水準を達成する方法として外部経済の内部化がある。これは、環境汚染の外部不経済が社会にもたらす費用（外部費用）そのものを、環境汚染をまねく製品やサービスの市場価格に転嫁し価格へ反映することによって、市場メカニズムがこの製品やサービスの生産水準を社会的に最適にすることを意味している。

　政府が税を用いてこの外部効果を相殺させる効果を示したのがピグー（A. C. Pigou）であり、その税を**ピグー税**という。これは企業に対して外部費用をコストと認識させることによって、市場の下で最適な生産水準を効率的に達成することを目的にしている。

　ここでは生産する過程で汚染物質を排出する財として紙を用いて説明する。したがって、汚染物質は水質汚染物質および大気汚染物質のどちらでも適用可能なケースを想定している。

　図4-7は横軸に汚染物質の排出を伴う紙の生産量 Q、縦軸に紙の金額 P を示したものである。ここには紙の生産の私的限界費用曲線 SS' と需要曲線 DD'、紙の生産によってもたらされる外部不経済（費用）曲線 $0J$、そして私的限界費用曲線の値と外部不経済（費用）曲線の値を足し合わせ社会的

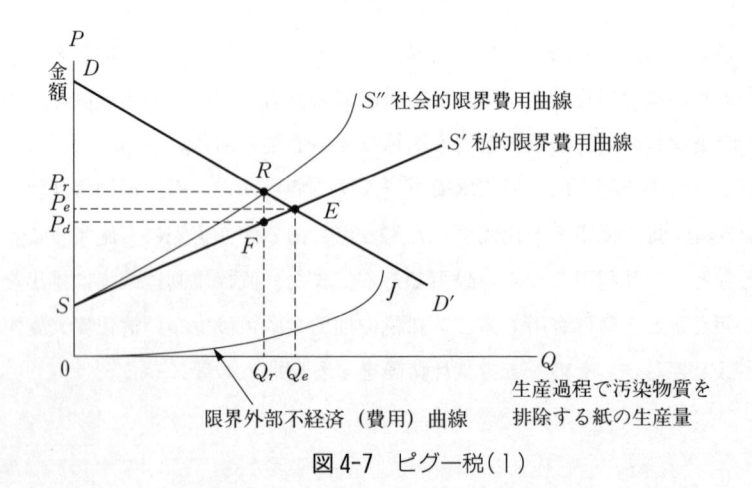

図4-7　ピグー税（1）

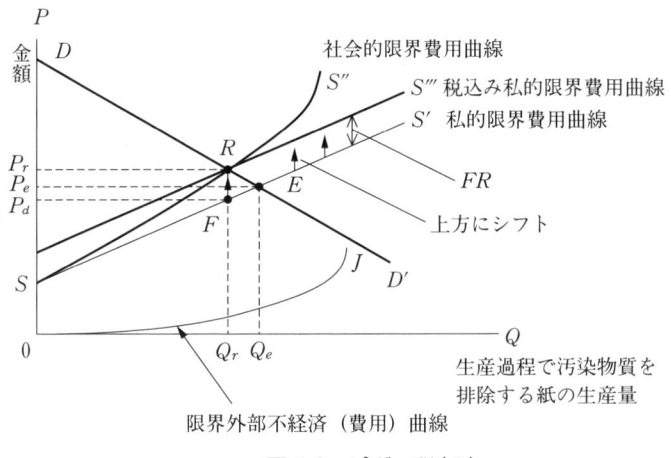

図4-8 ピグー税(2)

限界費用曲線 SS'' が描かれている。

　外部費用を考慮しないケースは私的限界費用曲線 SS' と需要曲線 DD' の交点 E の紙の生産量が最適生産量である。外部不経済がある場合は社会的限界費用曲線 SS'' と需要曲線 DD' の交点 R の下での Q_r が社会的最適生産量である。Q_e と Q_r を比較すると社会的最適生産量の方が小さくなっている。Q_r 以上に生産するとそこから得られる効用は限界効用を示す需要曲線の高さより社会的限界費用が上回っているので社会的損失がもたらされていることになる。

　ピグーは社会的最適生産量 Q_r における私的限界費用と社会的限界費用の差額 FR と同額の税を汚染物質をもたらす紙の生産量に課すことを提唱した。これは私的限界費用曲線 SS' を FR の金額分のみ上方にシフトさせることを意味する。需要曲線と新税込みの私的限界費用曲線の交点、社会的限界費用曲線との交点が同一になり P_e であった紙生産価格は税込みの価格 P_r に上昇する。それによって紙の消費は社会的最適量 Q_r に抑制されることになる。一方、紙の生産者は課税されたことで1単位当たりの手取り金額（生産者価格）が $0P_d$ に減少してしまったことから、生産量を Q_r にするような

インセンティブが与えられる。政府はこの課税により面積 P_dFRP_r の収入を得るが、市場における価格体系においてピグー税による変化以外の影響を与えないため消費者へ一括補助金として課税収入を配分する。消費者、生産者、政府のそれぞれの行動によって社会的に最適な生産量を実現できるのである。

ピグー税と補助金を用いたこの政策を行うには税額 FR を正しく計算する必要があり、そのためには需要と供給、汚染物質などの被害（環境被害）の大きさにおける情報が必要になる。また、社会的最適生産量 Q_r が把握できる場合、この生産量に対して数量規制を行う方策も考えられる。しかし市場が競争的で、企業が多数存在して経済活動を行う場合には数量規制の適用は困難である。なぜなら、市場全体で最適生産量を計算したうえで、各企業に規制する数量をどれだけ割り当てられるかを確定しなければならないからである。

実際にピグー税を課すことは困難であるため、環境汚染への被害を考慮に入れた社会的に最適な生産量の達成を目標とするのではない別の方法が考案された。これは、それぞれの企業による排出源の限界排出削減費用の均等化によって効率性の実現をかなえる税、つまり**ボーモル=オーツ税**を用いることである。この税はボーモルとオーツ（W. J. Baumol and W. E. Oates）によって考え出されたものである。この税政策は環境政策として目標とする環境水準（もしくは環境汚染の被害を入れた生産水準）を企業の費用や便益という経済活動の観点ではなく、自然科学的な観点での情報をもとにして、最小の社会的費用を達成する税を用いるものである。したがって、ピグー税のように環境汚染への被害を考慮に入れた社会的に最適な生産量となる税率を決めるのではなく、税率を変化させながら目標の環境水準（もしくは環境汚染の被害を入れた生産水準）となる最適な税を求めるのである。さらにいいかえればその税の下では環境汚染への被害を考慮に入れたうえで社会的に最適な生産量になっているのである。つまり、安い費用で削減できる環境汚染源ほど多くの環境汚染物質を削減できることを税を用いて行ったことになる。ピ

グー税とボーモル=オーツ税を現実に利用することで検討すると、ピグー税は汚染物質における影響を正しく金銭評価する必要がある。また、ボーモル=オーツ税は環境目標を最小の費用で実現できるように税を試行錯誤的に動かして環境基準（もしくは環境汚染の被害を入れた生産水準）を達成する手段である。このことから、一般的にはボーモル=オーツ税の方が実行可能な税とされている。

4 排出権取引市場

政府が直接規制やピグー税・補助金政策を行う場合、需要と供給、汚染物質などの被害（環境被害）の大きさにおける情報が必要になる。しかし政府が実際にこれらの情報を得る際、環境被害を受けている人は被害額を現実より大きく申告し、被害をもたらす生産物の供給量を減少させようとする。その一方で生産活動の中で環境被害を与えている企業は生産物のもたらす社会的便益を過大に申告し、より供給量を増加させようと試みる可能性がある。このような状況を回避するには政府が必要とする情報を少なくても実行できる手段である環境利用権を設定した商品、現在の排出権取引の適用することである。これを提案したのがデールズ（J. H. Dales）である。生産活動の中で環境汚染物質をつくり出す財は、環境汚染物質というマイナスの財であると本来生産目的であった財の2つを結合した財であると考える。排出権取引とは、環境汚染物質であるマイナスの財に対して市場をつくり、外部性を市場メカニズムにとり入れることである。その市場は環境汚染物質を排出する権利を取引する市場であるため**排出権取引市場**と呼ばれる。

地球温暖化防止のために、実際排出権取引が行われている二酸化炭素の事例を用いて解説してみよう。二酸化炭素の排出量を定義した排出許可証を各企業の排出総量分発行し、それを各企業に前もって一定量ずつ配分する。企業が多くの二酸化炭素を排出したい場合は、他の企業から排出許可証を購入することによって、二酸化炭素を排出することができる。また、企業の中では、生産調整をしているので二酸化炭素の排出を減らすことができる場合が

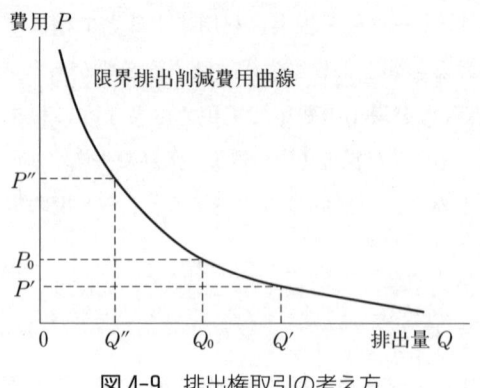

図 4-9 排出権取引の考え方

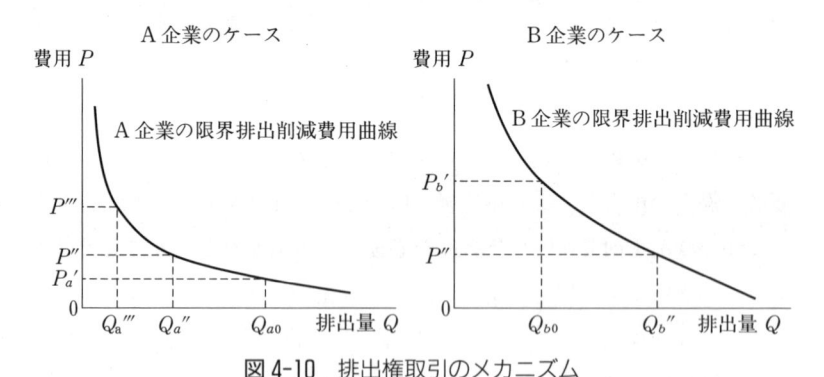

図 4-10 排出権取引のメカニズム

出所：植田・岡・新澤（1997）、p. 149 の図 8.1 を参考に作成。

ある。そのとき、この企業は排出許可とされている権利を使用しないので他の企業に権利を売買することができる。多くの二酸化炭素を排出したい企業が排出許可証を購入するかどうかを決定するには、購入を検討している企業の排出防止技術費用金額と排出許可証の金額を比較検討して決めるのである。

図 4-9 は横軸に汚染物質の排出量 Q、縦軸は費用 P、そして限界排出削減費用曲線を示している。ある企業に排出量 Q_0 の排出許可証が配分されているとする。このときの限界排出削減費用は P_0 である。もし、このとき排出許可証の金額が P' であるとしたら、この企業は自社の排出削減費用より許可証の金額の方が低いので、排出許可証をさらに購入して排出量を出すこ

とができるよう生産を増加させる。もし排出許可証が P'' のように P_0 より高ければ、自社の排出削減費用より高いので排出量を Q'' に減らして、余剰の排出量の排出許可証を売却する。

図 4-10 は A と B の 2 つの企業における排出権取引の状況を示したものである。企業は排出削減費用がそれぞれ異なるので図 4-10 の形状も異なっている。A 企業に排出許可証 Q_{a_0} が配分され、B 企業には Q_{b_0} が配分されているとする。このとき、A 企業の限界排出削減費用は P_a'、B 企業は P_b' である。市場での排出許可証の価格を P'' であるとすると、A 企業は自社の排出許可証を売却して排出量を Q_a'' に減らした方が有利である。

また、B 社は限界排出削減費用 P_b' より市場での排出許可証の価格 P'' の方が低いので、市場から排出許可証を購入して B 企業の限界排出削減費用と同額まで排出量を増やすことができる。このようなメカニズムによって各企業の限界排出削減費用が均等化して、社会的に目標とする排出総量を達成するように各企業が費用を最小化するようになる。

4 環境問題と環境政策

1 公害と環境政策

経済活動は私たちの生活水準を高め快適な社会を構築するために重要である。その一方で環境に配慮の足りない経済活動によって、必要以上の自然環境の破壊やさまざまな産業の廃棄物や排出物による生活・住環境の破壊という社会的費用をもたらす側面もある。日本における高度成長期における多くの産業公害の問題は、戦後日本の産業基盤を構築するために開発されたコンビナートで起こった。生産物の製造過程および流通過程において硫黄酸化物や窒素酸化物などさまざまな汚染物質は、何の規制や制約がなく排出された場合、人々の健康に悪影響を与えるだけでなく、自然環境に影響を与えながら生物や植物にも悪影響を与えていく。また、廃棄された重金属や有機水銀は土壌汚染を引き起こし、有機物質で汚れた排水は河川や海洋を汚染し河川

や海洋で生息する生物や植物に影響を与える。悪影響を与えられた環境や生物、植物は最終的に人々が生きるために必要な物質の一部になってとり入れられ、人間の健康に悪影響を及ぼすところまで連鎖することもある。また経済活動によって快適な生活環境を阻害して被害を与えることもある。このような**公害**は日本の公害対策基本法第2条でも「事業活動その他の人の活動に伴って生ずる相当範囲にわたる大気汚染、水質汚濁、土壌の汚染、騒音、振動、地盤の沈下および悪臭によって、人の健康又は生活環境に関わる被害が生ずることをいう」と定義されており、そこでの生活環境については「人の生活に密接な関係のある財産並びに人の生活に密接な関係のある動植物およびその生育環境を含むものとする」とされている。また**環境汚染**の状態そのものは、国連経済社会理事会において「人間の行為によって、環境の構成部分や状態が変化して、元のままの場合よりも、人間がその環境を用いるのにぐあいが悪くなったとき、環境は汚染したと定義される」と位置づけられている。このような状況を防ぐには汚染物質を適正に処理する環境政策の存在がきわめて重要になる。

近年の環境政策は多様な政策手段が開発され、導入されている。企業には環境監査管理の規格として ISO 14001 を導入し、企業経営の中でも環境保全の取り組みが行われるようになってきている。また企業における情報開示も積極的に行われ環境報告書で自社の環境への取り組みを公表している他、環境会計も行われはじめている。行政では法的に損害賠償ルールを明らかにし、行政が得た公共的な情報について情報公開制度の利用が行われている。また、消費者サイドに対してはエコラベルやエコマークによって環境負荷の少ない商品への購入を促進する取り組みも行われている。さらに人々への環境保全意識を高めるために環境教育も環境政策の基盤的手段の一つになっている。

このような環境政策は直接的手段と間接的手段の2つに分けることができる。直接手段では環境汚染者を直接にコントロールするものとして直接規制や土地利用規制があり、公的機関の活動に対する直接的手段として環境保全

型公共投資がある。また、間接的手段は課徴金や補助金、減免税、排出権取引、エコラベルがある。

2　廃棄物処理における環境政策

　経済成長とともにさまざまな生産物が大量に生産され、そしてまた消費されている。このことは人々の所得水準の向上に貢献するだけでなく、社会生活をより便利に、そして快適なものにしてきた。その中で、耐用年数が過ぎた生産物や新製品の出現によって使用されなくなった財はすべて廃棄され、処分されてきている。

　公共経済学の中では、廃棄物処理サービスを公共財の一つとみなしてきた。なぜなら自治体が廃棄物処理を行うことは、廃棄物処理サービスによって得られる私的利益より社会的利益の方が多いため、市場メカニズムにまかせると供給が過少になってしまうと考えられてきたためである。市場メカニズムの中で廃棄物処理サービス（ごみ処理サービス）が成立するには、利用者が処理費用を提供しなければ廃棄物処理サービスがいっさい受けられない制度にする必要がある。このときの問題点として、廃棄物は不法投棄として移動することができるため、不法投棄を阻止するための排除費用が必要になることである。しかし、不法投棄阻止には監視を徹底して行う必要があり膨大な排除費用が必要になる。そのため、自治体が住民から得た税金を用いて廃棄物処理サービスを行ってきた。しかし、家庭から排出される一般廃棄物においても生産活動から排出される産業廃棄物も適正な廃棄技術で処理できる限界や最終処分場の容量の制約、そして廃棄に必要なコストを考慮しないで廃棄するといった問題がある。そのため、廃棄物自体も増大し最終処分場も廃棄物の量に対応できず極端に不足する事態が発生している。新規に最終処分場を建設する計画に対しても、最終処分場から漏れるダイオキシンなどの有害物質による土壌汚染や水質汚染の懸念が原因になり近隣住民からの理解を得られないため、最終処分場の確保はきわめて難しい状況になっている。さらに、ライフスタイルの変化や企業の大量生産が廃棄物数量の増大につなが

っている。さらに処理自体が容易にできない廃棄物や再資源可能なごみおよび廃棄物も増加している。

このようなことから、廃棄物処理を有料にする政策が日本全国で行われつつある。廃棄物処理の有料化には定額料金制や容積や処理困難度に合わせた基準をベースにした従量制が用いられている。現在ごみ減量化の政策手段として用いられている廃棄物処理の有料化は後者の従量制である。実際重量に基づく従量制は計測や料金の徴収などに問題がある。そのため、最も普及しているのは指定ごみ袋や指定容器単位で料金をとる従量制である。廃棄物処理法には手数料徴収を認めていることから、手数料制を導入する自治体もある。

このような廃棄物処理の有料化はごみ問題に伴う外部不経済の内部化の手段といわれることもある。廃棄物処理の料金をピグー税・補助金と考えた場合、これは限界廃棄物処理費用と限界外部費用の合算値になる。この限界外部費用は廃棄物処理過程で生じる環境汚染が社会に影響を与えた被害金額である。また、廃棄物処理の有料化を一定量の削減をするためのボーモル・オーツ税とも解釈することができる。

5 地球規模の環境問題

1 複雑化する環境問題

日本における高度経済成長期に起きた産業公害は、地域が限定され、被害者と加害者がある程度明確に特定されていた。そして、公害被害の原因や因果関係も調査結果により明らかにされてきた。したがって公害防止や対策は加害者の経済活動内容を見直すような制限を行う規制が中心となっていた。近年の地球温暖化や酸性雨、海洋汚染などの環境問題は、国際社会の問題になるほど深刻な環境問題になっている。なぜなら、環境被害が広範囲で国境や大陸を越え地球的規模に影響を与えているためである。また、被害者と加害者の関係も加害者であると同時に被害者にもなるような複雑さをあわせ持

っているケースもある。したがって、地球規模の環境問題を解決するための方策は国内のみならず国際レベルにおいても検討され、法的規制だけでなく市場経済メカニズムを利用した政策もとり入れるようになってきている。

❷ 循環型メカニズムの考え方

　現代の経済社会は大量生産、大量消費、大量廃棄という一方通行型経済システムにより環境問題をより深刻にし、資源の枯渇を懸念させる状態を引き起こした。このようなことから、環境と開発に関する世界委員会（WCED）は環境を経済社会の発展の基盤と位置づけ、環境を損なうことなく開発することが持続的な発展につながるという「持続可能な開発」を提唱した。そして、今では経済活動と自然・社会環境の保全の両面において両立させる方法を十分に検討していかなければならないということが世界共通の認識となっている。

　今後は環境負荷の少ない資源循環型経済システムに転換する政策への取り組みが必要になってきている。これはモノの生産から流通、消費、消費後の廃棄物等の収集、再生・再資源化、さらに再資源化のための生産によって循環することのできるシステムを構築することである。このシステムの構築は環境への負荷が少なくし、有限な地球環境における持続可能なシステムをつくることである。このようなシステムを構築するには、まず人々が地球上のすべての資源を有限資源であること、そして資源は劣化するものであることを強く認知することが重要である。

　また、資源循環型経済システムへの転換に必要な政策としては世界各国の政府が経済における付加価値のみを優先に考える経済成長のあり方を見直し、経済主体別に企業行動や消費者の消費行動およびライフスタイルに対して環境を考慮に入れた政策を検討していかなければならない。企業は資源を無駄なく有効に利用するための技術革新と研究を行い、資源を有効に活用する社会的に適正な生産を進める必要がある。また、社会全体でリサイクルや再資源化を行うように環境負荷を最小にする効率的な経済活動を促進させること

も重要である。

このように各経済主体が生産から廃棄・リサイクルまでのライフサイクル全体を考慮して効率的な社会経済活動を行う場合、有限な資源についての情報や自然環境の状態、環境保全に関する技術情報を含めた環境情報を広く共有することも必要であろう。

●──注
[1] 植田（1996）、p.136に指摘されている。

練習問題

1 企業1と企業2の間には外部性が存在し、企業1は企業2に外部不経済を与えるとする。企業1はX財を生産し、その費用関数は、

$$C_1 = 2x^2 \quad (c_1：企業1は総費用、x：X財の生産量)$$

で示され、他方、企業2はY財を生産し、その費用関数は、

$$C_2 = 4y^2 + 16xy \quad (c_2：企業2は総費用、y：Y財の生産量)$$

で示されるとする。2つの企業が協力して、2企業の利潤の合計を最大にするように行動するならば、2企業の生産量はそれぞれいくらになるか。ただし、X財とY財の市場価格はそれぞれ48，80とする。

2 次の文中の空欄公共A～Bに当てはまる語句として、妥当なものはどれか。

　コースの定理は外部不経済が存在するとき、交渉のための取引費用がA［①発生すれば　②発生しなければ］、どちらに法的権利が与えられようともB［①当事者間の自発的交渉によって　②政府の介入によって］、効率的な資源配分が得られる。

第5章

公共料金と規制緩和

1 はじめに

　公共料金とは、政府や地方自治体が料金の決定に関与している料金をいい、上下水道料金、郵便料金、タクシー料金、鉄道運賃、航空運賃、電気料金、ガス料金、電話料金、道路料金などがある。このような料金制度が適用される分野は、財・サービスを供給する際にある一定規模以上の設備が必要な大規模設備産業で、固定費用が巨額で総供給費用に占める設備費の割合が高い。そのうえ、それらの資金を調達することが難しく、事業が地理的に広範囲に及ぶことも多い。そのため、大規模設備産業は自然独占、地域独占になりやすい。また、これらの産業が供給する財・サービスは、国民生活の必需品、または公共性の高いもので、経済的効率性、公平性を達成するために政府は料金規制に加えて公的規制を行うことにより、価格の安定と供給の確保をしようとしていた。

　ところが、政府の規制が逆に既得権益の保護、経営非効率、産業の発展を妨げるといった観点から、規制緩和を求める声が大きくなりはじめ、政府は経済の活性化をはかることを目的に、国公営企業を民営化、参入規制、価格規制を緩和し、新規参入企業と既存企業との間に規制の下競争させ、価格や生産技術などに対する競争意識を持たせようとした。

本章では公共事業が自然独占となるケースについて理由を示し、その料金体系と経済的規制について考える。2節では費用逓減現象と自然独占で政府介入の必要性を示し、3節では社会的に望ましい料金体系と料金制度を示す。4節では現実の料金制度について述べ、5節では潜在的競争や参入退出の自由を進めることで費用逓減産業に対しては規制が不要だとする競争可能市場について、6節ではアメリカの航空産業の例をあげ、規制の役割について考える。

2　費用逓減産業と自然独占

1　費用逓減産業とは何か

　費用には固定費用（生産量に依存しない費用）と可変費用（生産量に依存する費用）がある。通常の産業においては、生産量の増加とともに平均費用はある最低点まで低下する。ところが、固定費用が巨額な産業においては、供給量が増加するほどに平均費用が低下し続け、市場の需要を完全に満たすほどの供給量においても、まだ平均費用が下がり続けるような状態にある産業を**費用逓減産業**という。例としては、電気、水道、ガスなどがある。

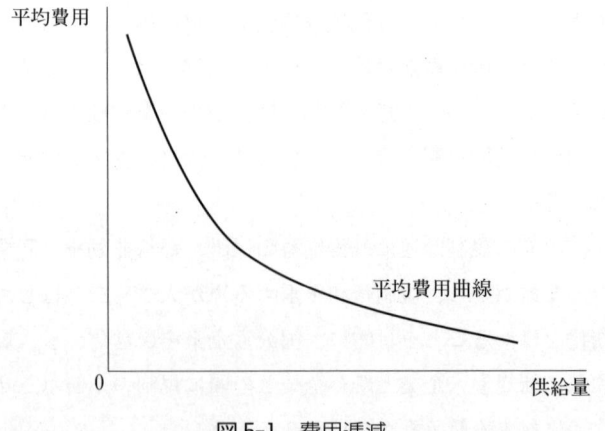

図 5-1　費用逓減

また、同様の意味を持つものに**規模の経済**性がある。これは生産規模が増大するに従って平均費用が低下するなど、大規模生産のメリットが大きいことであるが、式で表すと $tC(Q) > C(tQ)\,(t>1)$ となる。以下、これを説明していこう。

まず、労働力 L と資本 K の投入量の下に $Q = F(K, L)$ という生産を行うとする。ここで、労働力 L と資本 K をともに2倍にしたとき、生産量が2倍の $Q \times 2$ であれば、すなわち $F(2K, 2L) = 2Q$ となれば、その生産は規模に関して収穫一定という。

今、生産量を2倍にするときを考えよう。Q だけ生産するのにかかるコストが $C(Q)$ のとき、労働力と資本の投入量をともに2倍して $Q \times 2$ に生産を増やしたときにかかるコスト $C(2Q)$ が、$C(Q)$ を2倍した $C(Q) \times 2$ より低ければ、規模に関して収穫一定でもその生産についてはメリットがある[1]。

以上のことを図に表すと図 5-2 のようになる。点 A は Q だけ生産するのにかかるコストを表している。点 B は、労働、資本ともに2倍に増やしたとき、コストも2倍となることを示しており、規模に関する収穫一定のケー

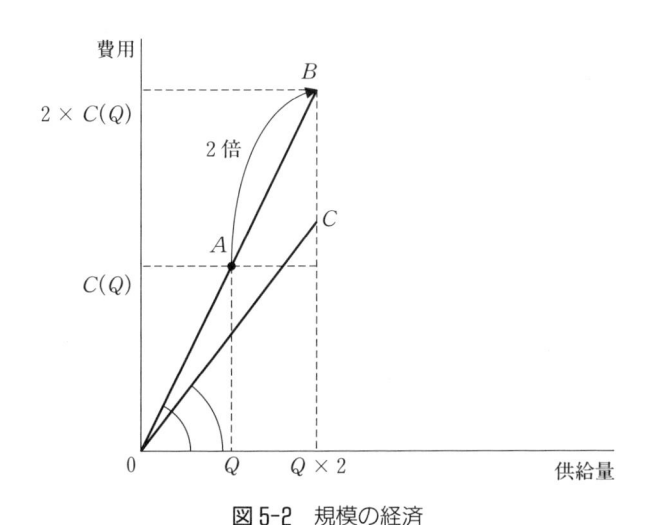

図 5-2 規模の経済

スとなっている。点 C は、労働、資本は2倍にしなくても生産量は2倍となるケース、すなわち規模に関する収穫逓増のケースを表している。

ここで、平均費用 $\frac{C(G)}{Q}$ の大小は、点と原点を結んだ直線の傾きの比較によって判断できる。図5-2より、点 A、点 B の傾きと、点 C の傾きでは点 C の傾きの方が小さい。よって、生産規模を拡大すると、平均費用は小さくなっている。

このように平均費用逓減と規模の経済は同様の意味を持つ。

2 自然独占とは何か

ある産業全体の供給量を複数の企業で各々が供給したときの総費用よりも、単独の企業が一括して供給する方が費用は少ないという性質を費用の劣加法性という。式で表すと次のようになる。

先ほどと同様に産業全体の供給量：Q、ある企業の費用関数：$C(q)$、産業全体に存在する企業数を2社とする。2社の企業が各々 q_1, q_2 という生産量を市場に供給したとすると、$Q = q_1 + q_2$ となるので、

2社の企業で生産した場合の総費用：$C(q_1) + C(q_2)$

1社単独で生産した場合の総費用 ：$C(q_1 + q_2) = C(Q)$ となる。

ここで、費用関数が $C(Q) \leq C(q_1) + C(q_2)$ を満たすとき費用構造は劣加法的という。

劣加法性が成り立つ市場において、市場が利潤最大化行動をとり、合併、倒産が市場で行われた果てに自然にできあがった独占状態を、**自然独占**という。また、費用の劣加法性に関連して、範囲の経済というものがある。これは、異なった供給者が各々独立して異なった財・サービスを供給するよりも、1社が単独でまとめて供給する方がコスト削減できるということを意味する。

3 費用逓減と自然独占の関係[2]

まず、前提としてある産業全体の供給量を単独の供給者が供給するとき、

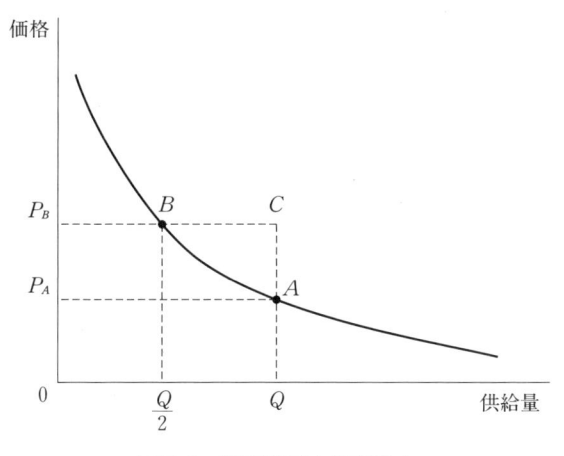

図5-3 費用逓減と自然独占

　供給者が利潤を上げ事業が産業として成立するために十分な需要がなければならないが、費用逓減と自然独占の関係はどのように一致するのだろうか。

　ある供給量を市場に供給するとき、複数の供給者がそれを分割して供給するよりも、単独の供給者がまとめて供給するときの費用が少なければ（費用構造が劣加法的であれば）、設備の超過投資が回避され設備の利用率、稼働率が高まるので、費用逓減産業は独占体制において生産コストがより低くなる可能性がある[3]。

　簡単な例として、図5-3を用いて1社独占供給の場合と2社での供給の場合とを比較してみよう。

　存在する企業は同じ費用曲線を持つとして、点Aは1社独占でQだけ生産するときにかかる平均費用、点Bは2社で$\frac{Q}{2}$ずつ生産するときにかかる平均費用を表している。ここで、1社独占でQだけ生産するときの総費用は□$0QAP_A$、2社でQ生産するときにかかる総費用は□$0\frac{Q}{2}BP_B$を2倍にしたもの、つまり□$0QCP_B$となる。□$0QAP_A$と□$0QCP_B$を比較すると、明らかに1社独占の方が総費用は少ない。

第5章　公共料金と規制緩和　91

つまり、費用逓減であれば1社単独で供給する方が複数社で供給するよりも総費用は少なくてすむので、自然独占状態になる。結局、大規模企業が競争上優位に立つことによって大規模企業が勝ち残り、自然独占の状態となる。

このように、費用逓減ならば自然独占といえるが、ではその逆、自然独占ならば費用逓減といえるのかというとそうではない。たとえば、費用逓増領域においても自然独占とみなすべき領域が存在する[4]。

❹ 費用逓減産業における価格と産出量の決定

完全市場、不完全市場にかかわらず、企業が利潤極大化を追求していれば、限界収入＝限界費用が成立するように生産量を決定する[5]。ここで、費用逓減産業すなわち独占市場において、独占企業は価格設定者となりうるので、利潤極大化条件である限界収入＝限界費用が成立する点で自らの最適供給量を決定し、その供給量と需要曲線とが一致する点で価格を決定することができる。

費用逓減の場合、供給者は1社なので、DD 曲線は独占企業が直面する需要曲線となる。市場において価格は需要と供給によって決定される。利潤を極大にする生産量は決まっているのだから、それに対応する価格は DD 曲線上の点 B となる。

ここで、 利潤 π＝総収入－総費用＝供給量×（価格－平均費用）
$$=\square P_1P_2CB$$

この独占企業が高い参入障壁によって守られているとき、条件が変化しない限り利潤は残る。また、図からわかるとおり、本来需要と供給によって価格が決定されるはずの点 F と、独占市場が決定した点 B を比較すると、独占は完全競争よりも高い価格と少ない供給量をもたらす。

❺ 独占的価格形成の弊害

図5-4において、独占企業による市場均衡点は点 B となる。点 B における社会的余剰は $\square ABDP_4$ となり、$\triangle BDF$ 分だけ資源配分上損失が生じる。

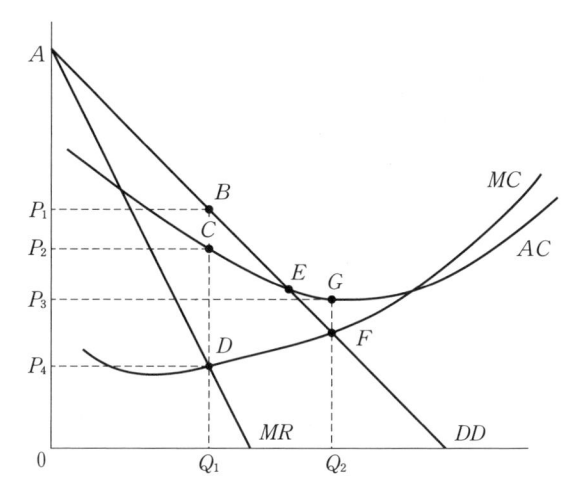

図5-4 費用逓減産業における価格と産出量の決定

　また、4項の終わりに述べたように、独占企業によって価格設定されると、完全競争市場と比較して高い価格と少ない供給量がもたらされる。

　このように、市場が独占状態にあるとき、独占企業が価格設定者になることによって資源配分が非効率となる。

　また、市場に費用逓減状態にある企業が数社存在するとしよう。平均費用逓減状態にあれば各企業は生産拡張をはかることで競争上優位に立とうとする。この結果、供給量増加による価格低下をまねき、利潤を保持しようとするためまた生産拡張をする。この繰り返しにより価格は暴落し、採算がとれなくなるので、企業が次々と倒産するという事態を招きかねない。このように独占が形成されることなく産業が成立しなくなることを破滅的競争という。つまり、費用逓減は効率的な資源配分を妨げるおそれがある。

3　望ましい料金体系

1　限界費用価格形成

　完全市場、不完全市場にかかわらず、効用最大化を追求する家計は限界効

用＝価格が成立するように消費行動をとるので、価格と需要量の関係は DD 曲線上に現れる。つまり DD 曲線は市場の需要曲線となる。

　完全競争下においては需要曲線と供給曲線の交点で価格と需要量（供給量）が決まるので、限界効用＝価格、価格＝限界費用とが同時に成立する。つまり、限界効用＝価格＝限界費用なので、資源配分はパレート効率的である。これは、費用逓減産業においても同じことになる。

　この図の場合、MC 曲線と DD 曲線の交点 F がパレート効率の料金となる。これは、消費者余剰の観点からは望ましいが、生産者においては損失が発生してしまう。

　ここで、規制当局が資源配分の効率性を第一に考えるならば、企業に限界費用価格で生産を続けさせ、損失分は財政支出によって補填されなければならない。しかし、企業の補填については次のような問題がある。

　まず、補助金を交付するにあたって税収を確保しなければならない。費用逓減産業というのは一般に公益事業が多く設備産業になるため固定費用が巨額になる。そのため、補助金の額が大きくなるので増税策をとるか、他の項目の歳出を削減しなければならない。

　次に、補助金を受け取ることで企業の経営努力が乏しくなるという問題がある。企業は赤字でもその分は政府によって補填されるので、費用を削減しようというインセンティブがそがれる。また、たとえ費用削減が実現したとしてもその額が赤字額の範囲内であれば、補助金が減少するだけで企業に利益は生じないので、経営努力がなかなかなされない可能性がある。逆に、巨額の経費を支出しても補助金でまかなわれるので、余計な経費が支出されかねない。

　最後に、補助金獲得による癒着、汚職という問題がある。補助金交付活動を議員が活発に行うことにより、企業と議員、議員と官僚の間に癒着、汚職が発生しかねない。

2 平均費用価格形成

平均費用価格形成とは平均費用と価格を一致させるもので、平均費用曲線と需要曲線の交点が均衡点となる。社会的余剰を最大化するという意味においては**限界費用価格形成**が最善と考えられるが、赤字が発生し採算がとれないので限界費用価格形成に代わる方法として考えられている。

平均費用価格形成は社会的余剰最大化という点からは次善になるが、赤字が発生しない、サービスを直接利用する人がすべての生産費用を負担するという点では限界費用価格形成より優れている。しかしながら、独占市場においてすべての生産費用をサービス利用者が負担するシステムでは、企業経営の効率化、費用削減をはかるというインセンティブがはたらかない。この点を改善するために**インセンティブ規制**が考案、導入されている（4節の3～4項へ）。

またデメリットをあげると、この原理では独占企業が一つの財のみを生産する場合においては明らかになっているが、複数財を生産する場合には共通する固定設備にかかる費用をどのように分担するかという問題があるため、簡単には定義できない。

そしてもう一点、完全競争市場での均衡と同じ水準の供給量に比べて供給量が少なくなって、資源配分に歪みが生じるという問題点もある。

3 二 部 料 金

二部料金は定額料金と従量料金から構成されている。まず、需要する最初の段階で基本料金として定額料金をとられ、次いで需要量に応じて従量料金がとられるが、従量料金制度のみについてみてみると、限界費用価格形成の性質を持っている。つまり、資源配分は効率的といえる。しかし、このままでは赤字となるので、赤字分を政府からの補塡ではなく、ユーザーから料金として徴収しようというのが基本料金であり、結果、収支均衡するように設定された料金制度になっているといえる。

例として、電話、水道、ガス、タクシー料金などがあるが、必需性の高い

財でありながら基本料金が高い場合、低所得者には負担が大きく、支払いが不可能になり需要できない場合もありうるので、逆進的な料金制度になりかねない。

4 ラムゼイ料金[6]

公共料金の設定は、収支均衡を前提に経済的効率を最大にすることが原則となっているが、この経済的効率性を重視した料金体系の一つに**ラムゼイ料金**がある。これはラムゼイルールを応用し、複数の財を供給する独占企業を対象としているもので、需要の価格弾力性が低いものに固定費用の負担を高くすべく料金設定をする。つまり、需要量の変化に左右されないように固定費用をユーザーから料金として徴収する料金制度となっている。この料金の求め方を表すと次のようになる[7]。

$$P_i = \frac{mc}{1 - \frac{K}{\varepsilon_i}}$$

P_i：i 財の料金　　　　mc_i：i 財の限界費用

K：ラムゼイ指数（収支条件が満たされるように決定される）

ε_i：i 財の需要の価格弾力性

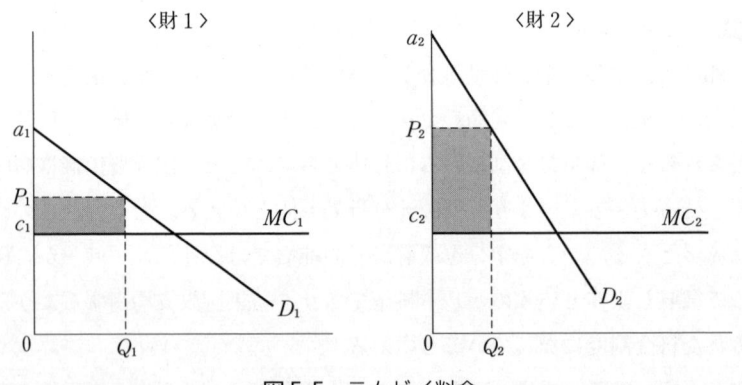

図5-5　ラムゼイ料金

この式を書き換えると、$\frac{P_i - mc_i}{P_i} = K\frac{1}{\varepsilon_i}$ となる。この式からわかるように、消費者価格と限界費用との乖離率が市場需要の価格弾力性と逆比例になっている。つまり、需要の価格弾力性の高い財への低料金をつける。この料金は、需要の価格弾力性がより小さい財に、固定費用の負担をより多くすれば失う余剰を小さくできるというメリットがある。この点は図によって説明される。

ここで、図のように各財の需要曲線と限界費用曲線が表されるとする。財1、財2の限界費用を C_1, C_2（一定）とする。このとき、政府は財1、財2の価格を P_1, P_2 と決定し、この企業に財を供給させるとすると財1、財2の網がけ部分が固定費用になる。この網がけ部分の合計が最終的に全固定費用として回収できれば収支は均衡する。

さて先ほどのメリットについての説明に戻る。図によると財1の方が需要曲線の傾きが緩やかなので、需要の価格弾力性の絶対値は財1の方が大きい。価格弾力性が大きい財の価格を上げると、需要量と供給量が大きく減少する。こうした財に固定費用分の負担を多くすべく価格を上げれば、それだけ需要量と供給量が大きく減少してしまうから、消費者余剰、生産者余剰が大きく減少する。これでは独占企業の収支を均衡させるにしても失う余剰が大きくなる。

一方、デメリットは式からもわかるとおり、ラムゼイ価格の算出は需要の価格弾力性、限界費用についての情報がなければ導くことができない。そして、共通費以外に各サービスの固定費があると、受益者負担原則が満足されない可能性がある。また、需要の価格弾力性が低い財である必需財に相対的に多くの固定費用の負担を強いることになる。逆に奢侈財にかかる固定費用の負担は相対的に少ない。必需財への支出割合が高い低所得者に固定費用の負担を相対的に強いることになる。

また、複数財を供給する自然独占企業は、内部相互補助を行う可能性がある。内部相互補助とは複数財を供給している企業が、ある財の損失を他の財

の利潤で補うというもので、経営の改善、新規企業の参入を防ぐことを目的としている。もう少し踏み込んでいえば、クリームスキミングさせないために内部相互補助を行っているともいえるだろう。クリームスキミングとは、新規企業が収益性の高い部門にのみ参入し、既存の独占企業の経営を悪化させることをいう。

4 現実の料金体系

本節では、公共料金設定の前提条件である収支均衡を満たしつつ、公平性を重視した料金体系である総括原価主義、経済性を重視したピークロード料金といった料金規制と、インセンティブ規制であるプライスキャップとヤードスティックについて述べる[8]。

1 総括原価主義

まず総括原価とは、標準的な生産を行っているある一定期間の中で、その生産に対する総費用に、適正な事業報酬を加えたものをいう。そして、それを予想される販売量で除したその1単位当たりを料金とするもので、赤字が発生しない価格を保障している。**総括原価主義**の料金制度では一般に、

$$総括原価 = 総費用 + 適正報酬$$

として定義される。この式から読み取られるように、費用の上昇分をそのまま価格へ転嫁させることができるので、費用を増大させる誘因を被規制企業に持たせる。結果、長期的にX非効率的な生産に陥る傾向にある。

この適正報酬には、費用積み上げ方式とレートベース方式がある。費用積み上げ方式では

$$適正報酬 = 支払利息 + 配当金 + 利益準備金等$$
$$\quad\quad\quad\;(負債)\quad\;(資本)\quad\quad(資本)$$

と計算される。これは、料金が算出される直前の期間における資本と負債額に基づき適正な報酬を定めるものとなっている。つまり、資本と負債の組合

せにおいて費用を最低限に抑えるよう資金調達を効率的にする誘因を企業に与えない。

レートベース方式では、

$$適正報酬＝事業資産×公正報酬率$$

と表される。両者の違いは、積み上げ方式においては利息、配当金、支払準備金から適正報酬が決まるが、レートベース方式においては逆に適正報酬から利息、配当金等を支払うという、まったく逆の過程をたどっていることにある。そしてこの場合の料金は、総括原価を販売量で除したものなので、

$$総括原価＝総費用＋適正報酬$$

より、

$$料金＝\frac{総費用＋適正報酬}{需要量}$$

となる。

この方式では、一定の報酬の中から利息、配当金を支払うため、経費削減＝事業者利益となり、効率的経営へとインセンティブを与える。一方、事業資産の拡大による報酬を得ようとする誘因がはたらくため、経済的非効率を招くような不適切な資本―労働比率を選択するという、アバーチ＝ジョンソン効果の存在が知られている。アバーチ＝ジョンソン効果とは、簡単にいうと、資産の大きさによって報酬が得られるので、過大な資本ストックを持つ傾向があるということを意味する。また、レートベース方式こそ、公正報酬率の決定が総括原価を決定するので、「公正報酬率規制」ともいわれる。

2　ピークロード料金

料金とは需要と供給の関係によって決定されるが、ある一つの財に対して季節、時間帯によって需要が変動する場合がある。**ピークロード料金**とは、一つの私的財に対して常に一定の需要構造を持つものではなく、需要がピーク期とオフピーク期に分けられ価格設定が異なっている。ピークの需要が大きければ大きいほどそれに応えて供給を増加させようとするのであれば、固

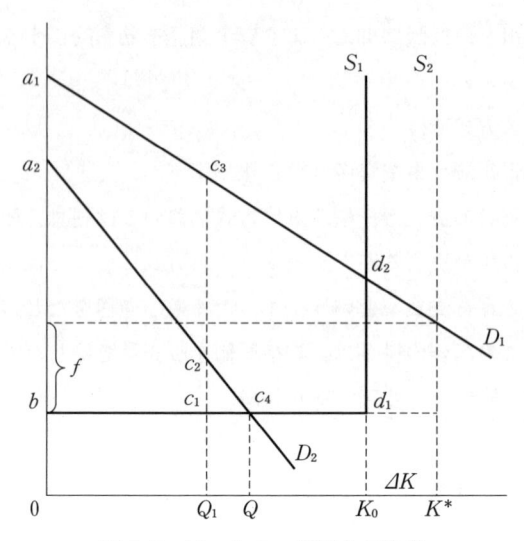

図5-6　ピークロード料金の決定

定費用をつぎ込まなければならない。そうなると、オフピーク期に稼動しない設備が出てきて効率的な生産を行うことができないが、価格設定を時期によって変えることで、需要をある一定期間内でなだらかにさせることができる。これによって、必要資本水準を低く抑え、供給設備の遊休化が小さくなる。例として、電気料金、長距離電話の夜間・日曜・祭日料金、市バス・鉄道のラッシュ時以外などがある。

　では、最適なピークロード料金がどのように決定されているのかをみてみよう。

　ピーク期の需要曲線を D_1、オフピーク期の需要曲線を D_2、ある独占企業の供給曲線を S_1 とする。ここで D_1, D_2 は互いに独立に決まっているものと仮定する。一般に、企業の費用＝短期可変費用＋短期固定費用と表される。ここで短期可変費用を操業費といい、設備一定で生産量を増やそうとするときに投入量を増やすもの（人件費、燃料費等）とする。短期固定費用を資本費といい、設備費（利子支払い、減価償却費等）のことをいう。

　ここで、S_1 は限界費用曲線となっている。限界操業費 b（$b=$一定と仮定）

を追加投入していくほどに供給量は K_0 までは増加する。つまり、現状の設備で供給できる最大量は K_0 で、その後操業費をいくら追加投入しても K_0 以上は生産できないので、K_0 からは垂直な直線になる。

もし、この企業が最大限の供給量を K_0 以上にしたければ、設備を増やさなければならない。そこで、供給設備を追加的に 1 単位増やす際に必要な費用を f（$f＝$一定と仮定）投入する、いいかえると供給設備増設のための限界資本費用が f であることと仮定しよう。ここで注意しておくべきことは、f はいくら供給するかにはまったく依存しないということで、供給設備のための総費用は最大限の供給量のみに依存する。つまり、固定費用 $= f \times K_0$、最大供給量が K^* のとき、固定費用 $= f \times K^*$ となる。

さて、社会的余剰について次の 2 つの場合について考えてみよう。

・時期を通して供給量 Q_1 で社会的余剰を最大にする場合

ピーク期の社会的余剰＋オフピーク期の社会的余剰－固定費用より、社会的余剰は

$$\square a_1 bc_1 c_3 + \square a_2 bc_1 c_2 - f \times K_0$$

と表される。

・最大限の供給量 K_0 を変えないで社会的余剰を増やす

オフピーク時の価格を b としたときの消費者余剰は $\triangle a_2 bc_4$、生産者余剰はゼロ（価格が b より高いときに比べて大きくなっている）。ピーク時の社会的余剰は需要と供給が均衡する価格であれば余剰は最大。

$$固定費用 = f \times K_0$$

よって、社会的余剰は

$$\triangle a_2 bc_4 + \square a_1 bd_1 d_2 - f \times K_0$$

続いて最適な生産能力について考えてみよう。最大限の供給量を増やすことができるとしたら、どれだけの設備投資と価格設定にすればよいだろうか。ここで、最大限の供給量はピーク時の供給量にのみ関係するということに注意しておきたい。

今、K_0 から $\varDelta K_0$ 生産拡大すると、社会的費用は $(b + f)\varDelta K_0$ 増加する。

最適な生産能力は限界効用＝限界費用なので、生産量が ΔK_0 拡大されて K^* のとき、価格はピーク時に $b+f$、オフピーク時に b となる。そして、先ほどと同様に考えると、このとき社会的余剰は最大となり、供給量を K^* まで増やすのが望ましいことがわかる。

3 プライスキャップ（価格上限規制）

まず、被規制企業では、生産性を向上させるための技術革新・費用削減といった努力が積極的に行われないという欠点がある。そこで、こういった経営努力を行い料金を抑制するようなインセンティブを与えるために規制当局が行う規制を総称して、インセンティブ規制という。**プライスキャップ**とは、次に述べるヤードスティック同様、インセンティブ規制の中の一つの方法として注目されている。イギリスにおいて 1984 年に電力通信事業に対して採用された規制で、ブリティッシュ・テレコムの民営化に際して考案された。

プライスキャップとは、複数の財を供給する被規制企業に対して、将来に関する物価上昇率や生産性上昇率の予測に基づき、すべての財の平均費用に上限を設定し、価格はその上限以下にして供給させる価格規制のことをいう。

ここで、適用されるすべての財の加重平均価格を P で、毎年価格改定するとする。

t 期におけるすべての加重平均価格：P_t
$t-1$ 期の価格（基準値とする）　　：P_{t-1}
物価上昇率　：I
生産性上昇率：X

とする。生産性上昇率については規制当局と被規制企業との間で契約が結ばれている。

このとき、プライスキャップによって導かれる価格は

$$P_t = P_{t-1}(1 + I - X)$$

つまり、平均費用のみに上限があるので、企業は各財に独自の価格設定を行うことができ、これ以下の価格改定であれば自由に改定できる。よって、

被規制企業の事業の一部のサービス分野が競争にさらされている場合、その企業は競争にさらされている分野で迅速に料金の引き下げを行うことができる。また、そうした競争を通じて望ましい資源配分の実現が期待される。生産性の向上が政府の要求水準（ここでいう X）を上回ればそれだけ企業の利潤は増加するので、企業に対するインセンティブは高まる。

デメリットはというと、規制当局の価格監視が十分でないと独占分野は独占価格に、競争分野は競争価格となってしまい、競争分野で発生した赤字を独占分野で超過利潤を確保しておいてそれで補塡するという内部相互補助が発生しかねない。また、被規制企業が費用構造などを偽って報告するのを自発的に防ぐインセンティブはそこにはない。

4 ヤードスティック

3項で述べたプライスキャップ同様、インセンティブ規制の一つで、日本では国鉄民営化や電気事業に対して行われた。**ヤードスティック**とは、規制の対象となる全国的独占企業をいくつかの地域別に分割し、同じような条件で供給している他地域の被規制企業と競争させることで、経営上の効率性を高めることを目的としている。厳密には経営上の効率性は比較できないが、他企業の情報を利用して、生産性の向上を促進することができる。

また、複数の地域で同じ財をほぼ同じ費用構造で供給しているので、被規制企業が政府により正確な情報を報告させることができるというメリットがある。

一方で、生産性をより向上させた企業にはその報酬として利潤がより多く残るような価格を設定し、生産性向上という努力を怠った企業にはより低い価格を設定して生産性向上をうながす。しかしながら、これによって赤字額が大きくなれば、その企業は市場から撤退せざるをえない。その結果として地域の独占的な供給者を失った住民は、公共サービスを消費することができない。つまり、ヤードスティック規制によって、公共サービスが不安定な供給体制におかれる可能性は免れないというデメリットが存在するという点に

は注意しなければならない。

5 参入規制と競合可能市場

4節では、料金規制、インセンティブ規制というように、安定した供給と効率的な資源配分を行うには「規制が必要」という説明をした。本節では、市場がコンテスタブルならば規模の経済性のために自然独占状態になったとしても、潜在的競争圧力によって競争的な価格と効率的な資源配分が実現されるので「規制は必要ない」という**競合可能市場**（コンテスタブルマーケット）について考える。

競合可能市場とは、（仮定として）市場がコンテスタブルならば、規模の経済性のために市場に1社しか残らなかったとしても、（結果として）競争圧力は潜在的にはたらいているので規制は必要ない、そのような市場のことをいう。では、市場がコンテスタブルな状態はというと、コンテスタビリティの理論にかなった状態のことをいい、その理論には次の4点の仮定がある。

一つには、既存企業と新規参入企業の間に技術面・費用面で条件は同一で、同質の財を生産すること。次に、固定費用が**埋没費用**（サンクコスト）でないこと。もう一点、既存企業は新規参入が行われてもすぐには価格変更しないこと、最後に参入・退出には摩擦がないこと、をいう。

適当な前提条件の下で既存企業が新規参入の存在を意識して行動すれば、市場の自由競争によって平均費用価格形成が均衡において自動的に実現される。しかも、この理論を根拠とする市場競争の下では、企業は利潤極大を目標にして行動するので、企業は費用を最小化しようと努めることとなり、公共的規制よりはるかに優れた資源配分効率をもたらすといえる。

完全競合可能市場において、次のような性質を持つ均衡が成立する。一つには、産業が維持可能かつ実行可能。ここで維持可能とは新規参入企業が参入してもゼロ以上の利潤を得ることができないことであり、実行可能とは市場価格はゼロ以上で、ゼロ以上の利潤を稼いで生産を行う企業が何社か存在

することをいう。2つめに、最小コストでの生産が行われ、X非効率が存在しない。3つめに、完全競争市場と同じく、価格＝限界費用＝平均費用という条件が成立すること、つまりパレート効率的な資源配分が実現するという性質をいう。

コンテスタビリティ理論が支持されるとき、潜在的な参入企業の存在を考えに入れると必ずしも単純な独占価格の設定はできない。むしろ、ラムゼイ価格を設定することで新規参入を抑制できるので、規制は必要ない。そして、自然独占に対する価格や数量規制は必要ではなく、ヒットエンドラン、つまり短期間のうちに参入・退出が容易に行われるような潜在的な環境の整備が政府にとって最も重要な政策となる。

しかしながら、コンテスタブルマーケット理論に基づく産業規制が現実に満たされることは困難で、新規参入と運賃についての規制をほぼすべて撤廃したアメリカの航空産業でコンテスタブルマーケットの破綻は証明された。

6 自然独占の競争と規制

ある産業において市場がコンテスタブルならば、規模の経済のために市場に1社しか残らなかったとしても潜在的競争力ははたらいており、規制をしなくとも企業は効率的な生産活動を行い、パレート効率的な資源配分がなされる。しかし、残念なことに現実の世界で完全コンテスタブルマーケットの条件など満たされるはずがない。例として、アメリカ航空産業がある。航空産業は参入障壁が低く、規模の経済がはたらかないコンテスタブルマーケットであるとされてきた。しかし、規制緩和を行った結果、寡占が進行していった。それはなぜか。

当初、規制緩和を行うと競争力がはたらきチケットの価格は下がるものと考えられていた。ところが、現実には大手会社は差別運賃を導入し、乗客を増やす手段をとるに至った。例としては、早割、バースデイ割が昨今ではおなじみとなっている。また、マイレージというFFP (Frequent Flyers Program)については、大手が有利となるのは当然と思われる。FFPとは飛行距離に応じてポイントを貯めていき、ポイント数によって無料チケットと交換することができる制度をいう。つまり、消費者にとっては、より多くてより便利な路線を持っている大手航空会社を利用し、マイレージを集めた方が得となる。新規や子会社の航空会社では利用できる路線が限られてしまうということが理由にある。ついには、大手航空会社がコンピュータを駆使して市場シェアを伸ばすという結果に至った。

しかしながら、規制によって守られるため企業が効率的な経営を行わず財政負担が大きいとの理由、官民癒着に対する批判、反発から、規制緩和は大合唱されている。

自然独占状態にある産業の多くは設備産業で、需要者に対して供給義務が生じる。そこで、需要者に需要する機会を確保するために政府は規制を行う。市場内でシェアを奪い合い競争が激化することによって産業が成り立たなくなるという破滅的競争を避けるため、需要の機会を確保するために規制をする。また、供給者が独占的な行動をとることによって資源配分が歪められるということのないように防止策として規制をするという理由もある。

そもそも規制というのは、市場の失敗に対応すべく政府が市場の機能を直接コントロールするものであって、規制方法によっては、規制することで競争させるかのように効率的な生産を行わせることができるのみならず、需要する機会を確保するという点からも規制のメリットを評価したい。

●——注

[1] このとき平均費用は $\dfrac{C(t \times Q)}{t \times Q} < \dfrac{t \times C(Q)}{t \times Q} = \dfrac{C(Q)}{Q}$

つまり、$\dfrac{C(t \times Q)}{t \times Q} < \dfrac{C(Q)}{Q}$

$C(t \times Q) < tC(Q)$

[2] ここでは、奥野(2001)、谷口(1998)の議論を参考にしている。

[3] 産業全体の供給量:Q　産業に存在する企業数:$N(\geqq 2)$
N社ある中の第i番目の企業が各々 $q_i(i = 1, 2, \cdots, N)$ という生産量を

市場に供給したとする。このとき、
$$Q = q_1 + q_2 + \cdots + q_N$$
今、独占供給のときの平均費用を C_0、複数社体制のときの各企業の平均費用を C_i とすると、費用逓減の仮定から $C_0 < C_i$ となる。このとき、
複数企業で生産した場合の総費用：
$$C(q_1) + C(q_2) + \cdots + C(q_N)$$
$$= C_1 q_1 + C_2 q_2 + \cdots + C_N q_N \cdots\cdots\cdots\cdots\cdots\cdots\cdots\cdots (1)$$
1社単独で生産した場合の総費用：
$$C(Q) = C_0 \cdot Q$$
$$= C_0(q_1 + q_2 + \cdots + q_N) = C_0 q_1 + C_0 q_2 + \cdots + C_0 q_N$$
$$\cdots\cdots (2)$$
$(2) - (1) = (C_0 - C_1)q_1 + (C_0 - C_2)q_2 + \cdots + (C_0 - C_N)q_N < 0$
（なぜなら、$C_0 < C_i$, $q_N > 0$）

[4] 図5-7参照。
A：1社単独で生産した場合の平均費用曲線
B：複数企業で生産した場合（ここでは2社が半分ずつ）の平均費用曲線とすると、$2P_1A_1 = P_1B_1$, $2P_2A_2 = P_2B_2$, $2P_3A_3 = P_3B_3$ となる。
また、単純化のため需要曲線 D, D', D'' は直線で図示されるとする。
図より、Q_1 までは費用逓減であるから自然独占であるといえる。供給曲線 A, B と需要曲線 D' との交点をそれぞれ比較してみると、供給量と価格の関係をみても、A の方が B よりも低価格でより多くの供給が可能なこ

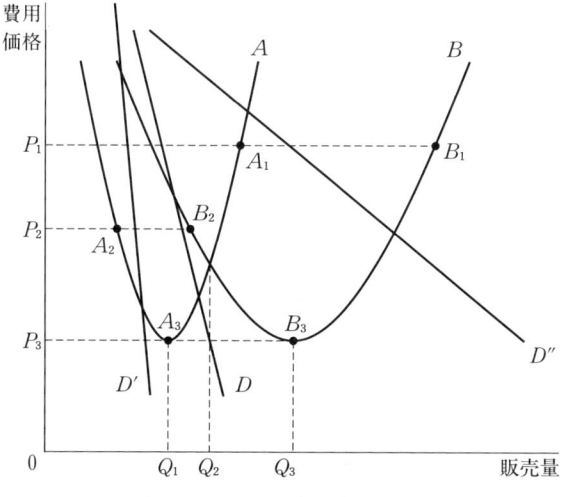

図5-7　需要曲線と自然独占

とがわかる。

Q_1〜Q_2までは費用逓増領域で、1社単独の方が2社体制の総費用を下回るので、自然独占となるといえる。平均費用曲線 A, B と需要曲線 D との交点をそれぞれ比較してみると、供給量と価格の関係をみても、A の方が B よりも低価格でより多くの供給が可能なことがわかる。

Q_2を超えると2社体制の総費用の方が下回るので、自然独占になるとはいえない。平均費用曲線 A, B と需要曲線 D'' との交点をそれぞれ比較してみると、供給量と価格の関係をみても、B の方が A よりも低価格でより多くの供給が可能となっている。

つまり、Q_1 までの費用逓減領域のみならず Q_1〜Q_2 までの費用逓増領域においても自然独占は存在しうる。このことは、自然独占は必ずしも費用逓減産業ではないということを意味する。

また、産業が自然独占的かどうかは費用曲線と市場規模に依存し、市場規模が十分に大きければ複数社による供給が望ましいが、市場規模が小さければ1社単独の方が望ましいということが図からもわかるだろう。

5 まず、利潤関数をつくると、利潤：π ＝総収入－総費用＝ $TR - TC$
この関数の極大点を求めればよいので、微分すると、

$$\frac{d\pi}{dx} = \frac{d(TR)}{dx} - \frac{d(TC)}{dx} = 0 \quad MR - MC = 0$$

∴ $MR = MC$ （注：これだけでは極大極小がわからないので、再度微分する。結果、負であれば極大値。公務員試験に関してはここまでで十分と思われる）。

6 ここでは加藤・浜田編（1996）、土居（2002）の議論を参考にしている。

7 $\max_{q_i} TS = \sum_{i=1}^{n} \int_0^{q_i} P_i(q_i) dq_i - C(q)$

subect to $\sum_{i=1}^{n} P_i q_i - C(q) = 0$

これに関するラグランジュ関数は

$\max_{q_i, \lambda} L = \sum_{i=1}^{n} \int_0^{q_i} P_i(q_i) dq_i - C(q) + \lambda(\sum_{i=1}^{n} P_i q_i - C(q)) \quad (i = 1, 2, \cdots, n)$

最大化のための q_i に関する1階の条件は、

$$\frac{\partial L}{\partial q_i} = P_i - \frac{\partial C}{\partial q_i} + \lambda \left(P_i + q_i \frac{dP_i}{dq_i} - \frac{\partial C}{\partial q_i} = 0 \right)$$

$$\frac{P_i - mc_i}{P_i} = \frac{1}{\varepsilon_i}$$

$$K = \frac{\lambda}{\lambda + 1}$$

$$\varepsilon_i = \left| \frac{dq_i}{dP_i} \cdot \frac{P_i}{q_i} \right| = \frac{dq_i/q_i}{dP_i/P_i}$$

$$P_i = \frac{mc_i}{1 - \dfrac{K}{\varepsilon_i}}$$

[8] ここでは、谷口（1998）の議論を参考にしている。

練習問題

1 ある費用逓減産業が生産する財に対する需要曲線と、その企業の平均費用曲線が、
$$P = -2Q + 600$$
$$AC = -0.5Q + 360$$
P：価格、Q：需給量、AC：平均費用、で示されているものとする。
次の①～③の場合における、この企業の生産量、価格、および利潤を求めよ。
① この企業が利潤最大化をはかるケース
② この企業が独立採算を維持できるよう、政府が価格規制を行うケース
③ 最適な資源配分が達成されるよう、政府が価格規制を行うケース（国家1種　改題）

2 競争可能市場の存立条件と、競争可能市場においてはなぜ規制が必要ではないのか、その理由を述べよ。

3 現実の料金体系は、企業の経営にどのような影響を及ぼしているかを述べよ。

第6章

所得分配と租税、社会保障政策

1 所得分配と市場の失敗

1 所得の機能的分配と人的分配

経済活動の結果として得られた成果をいかに分配するかは、どの時代の社会にとっても基本的な問題といえる。希少な資源の有効な活用について、完全競争下における市場経済が効率性を保証することは第2章で述べたとおりである。しかしながら、市場経済が公平性について示唆してくれるものは、効率性ほど多くはない。もちろん、何が公平かということについて社会的な合意を得ること自体、それほど簡単ではない[1]。社会への貢献の度合いに応じた分配を公平とする人もいれば、結果としての分配を平等にすることこそが公平であると主張する人もいるだろう。また、最低限の生活水準を維持することができない人がいるような社会を公平とは呼べないという人もいるかもしれない。この節では、所得分配のあり方に関する2つの視点を示すことで公平性に関する議論の踏み台にする。また、所得分配の不平等度を測る指標を説明する。

所得の**機能的分配**とは、生産活動に対して各生産要素が果たす機能という視点から所得分配の問題を考察するものである。労働、資本、土地といった生産要素の価格がどのように決定され、所得としてその所有者に分配される

かに注目する。機能的分配という視点からみて、市場経済はどのような所得分配を実現しているだろうか。完全競争市場において、生産要素の価格はその生産要素がもたらす限界価値生産物に等しくなるように決定される。限界価値生産物とは、限界生産力に財価格を乗じたものと定義される。つまり、追加的な投入による生産への貢献の度合い（限界生産力）が高いほど、そして生産物に対する社会的評価（財価格）が高いほど、生産要素の価格は高くなる。この意味において、市場経済は「社会への貢献の度合いに応じた分配」を保証する。

　しかし、このような考え方には反論の余地もある。たとえば、親から遺産として受け継いだ土地にマンションを建てて家賃収入を得ることは、その人自身の社会への貢献といえるだろうか。あるいは、幸運にも先天的に優れた能力を持つ人が努力せずに獲得する所得が、自分の力量の範囲で最善を尽くす人が獲得する所得よりも高いことは公平だろうか。働きたくても仕事のない人が所得を得られないのは公平だろうか。市場経済による所得分配は、生産要素の初期保有の状態、あるいは初期状態における所得分配そのものに大きく左右される。

　一方、所得の人的分配とは、種々の異なった生産要素の所有者としての個人ないしは家計（世帯）という視点から所得分配の問題を考察するものである。つまり、生産要素ごとの価格の決定ではなく、種々の生産要素の所有者としての人に注目する。所得の人的分配は、個人ないしは家計（世帯）がそれぞれの生産要素をどれだけ所有しているか、いいかえれば生産要素の初期保有の状態と、各生産要素の価格がどのように決定されるか、の2つに依存して決まる。したがって、機能的分配と人的分配は相互に無関係ではない。

　人々の所得は、労働から得られる賃金や土地から得られる地代、そして株式などから得られる配当を合計したものである。したがって、生産要素ごとの価格に注目するだけでなく、それらを受け取る人に注目しているのが人的分配であり、所得の階層的分布とも呼ばれる。所得分配が生産要素の初期保有の状態に依存する以上、市場経済が人的分配の視点から貢献できることは

少ない。

2 ローレンツ曲線

人的分配の視点から所得分配の不平等度を測る指標として代表的なものに**ローレンツ曲線**がある。ローレンツ曲線は次の手順によって導出される。まず、横軸に所得の低い世帯から高い世帯へと順番に並べたうえで世帯数の累積比率（累積世帯比率）をとる。たとえば累積世帯比率が0.3のとき、全体のうち所得の低い30％の世帯が含まれている。一方、縦軸には世帯数の累積比率に対応する所得の累積比率（累積所得比率）をとる。たとえば累積世帯比率が0.3のときの累積所得比率が0.15であれば、所得の低い30％の世帯が全体の15％の所得を得ていることを意味する。このようにして得られた各座標をつなぎ合わせたものがローレンツ曲線となる。この様子は図6-1に描かれている。

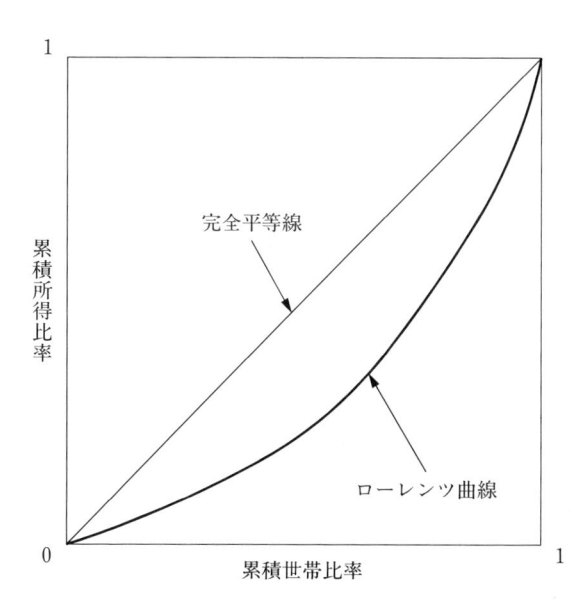

図6-1 ローレンツ曲線

各世帯の所得が均等であるとき、ローレンツ曲線は原点を通る傾き1の直線（45度線）となるため、この直線を完全平等線と呼ぶ。これに対し、すべての所得を一つの世帯が占有するとき、ローレンツ曲線は横軸に一致し、累積世帯比率が1となるところで垂直となる。一般に、ローレンツ曲線は弓形となることが知られている。このことから、所得分配の不平等度は完全平等線とローレンツ曲線で囲まれる部分の面積で表されることがわかる。

　この部分の面積を完全平等線と2つの軸でつくられる三角形の面積で割ったものを**ジニ係数**と呼ぶ。ジニ係数は0から1の値をとり、0に近いほど所得分布が平等に近く、反対に1に近いほど不平等度が大きいことを意味する。日本のジニ係数をみてみよう。所得再分配政策前の当初所得のジニ係数は、1981年に0.35であったものが1996年には0.44となり、所得格差が拡大している。当初所得から税や社会保険料を差し引き、社会保障給付金や医療費を加えた再分配所得のジニ係数は、1981年に0.31であったものが、1996年には0.36となっている[2]。また、世代別にジニ係数を計測すると、1999年時点における30代世代のジニ係数が0.27で最低であるのに対し、80歳以上の世代のジニ係数は0.54まで上昇している[3]。このように、ジニ係数は「結果として分配」のあり方を測定する。

　もちろん、完全平等が公平であると直ちに判断することはできない。生産への貢献をまったく無視した所得分配は労働意欲の低下を招くおそれが強いためである。また、公平性とは何かに関する価値観は人によって異なる。たとえば、必要性に応じた所得分配がある程度望ましいものであるとしても、どこまでが必要性に応じた所得なのかに関する合意の形成は容易ではない。一方、必要性以上の所得については貢献に応じた分配が望ましいとしても、努力による貢献と天賦の才能による貢献を同等に扱うべきか、そもそも貢献とは何かなど、人々の貢献の度合いを測定することは困難である。さらに、時間を通じた所得分配を考える際には、初期状態における公平性（機会の均等）を保証するためには結果をも均等にする必要があるという逆説的な状況も発生する。

2 所得再分配政策の理念

1 社会厚生関数

前の節では、所得分配に対する2つの視点を示すことで、公平とは何かに関する議論の準備をしてきた。さらに議論を進める前に2つの留意点をあげておきたい。第1に、公平性の基準が各個人の価値観に依存している以上、公平性に対する社会的な合意の形成過程が問題となる。第2に、社会として公平性に対するどのような合意が得られようとも、あらゆる社会状態はうまく順序づけられなければならない。

前者については第7章であらためて考察することとし、ここではすでに公平性に関する何らかの社会的な合意が得られているものとする。この節では、まず後者の問題を解決したうえで、あらためて公平性に対する代表的な2つの基準を提示しよう。

さまざまな経済状態について、公平性を考慮したうえで整合的に順序づける方法を明らかにしたのは、バーグソン（A. Bergson）とサミュエルソン（P. A. Samuelson）である[4]。彼らは、何が公平かということに関する価値判断については経済学が科学的に解決できるものではないとし、分析の対象外におく。価値判断がどのようなものであれ、重要なのは、その価値判断が資源配分や所得分配にどのような結果をもたらすかである。

そこで彼らは、社会厚生（経済全体の厚生）と各個人の効用との関係を**社会厚生関数**と定義し、次のように表した。

$$W = W(u_1, u_2, \cdots, u_n)$$

ここで、W は社会厚生を、u_i は第 i 個人の効用を表している。社会厚生関数は、各個人の効用から求められる社会厚生を実数値として順序づけられることを要求している。社会厚生関数の2つの特徴をあげておく。第1に、各個人の効用から得られる社会厚生関数は、パレート最適である。どの個人の効用を損なうことなくある個人の効用を高めることができないような状態

をパレート最適と呼ぶが、社会厚生関数は常にパレート最適な状態を扱うものとする。

第2に、公平性に対する価値判断は、どの個人をどれだけ重視するかという意味で社会厚生関数の形状を決定する。たとえばある独裁者の効用のみを考慮するような価値判断がなされた場合、社会厚生は独裁者の効用に一致する。また、すべての個人を平等に考慮する場合には、各個人の効用は同じウエイト付けをされることとなる。

社会厚生関数を定義することで、価値判断は社会厚生関数の形状に反映されることとなる。そのうえで、社会厚生を最大化することによってパレート最適で、価値判断に見合った資源配分が実現される。したがって私たちは、公平性に対する価値判断をいかに社会厚生関数に置き換えるかということに問題の焦点をおくことができる。

2 功利主義

公平性に対する第1の価値判断として、ベンサム（J. Bentham）が提唱し、ミル（J. S. Mill）が発展させた功利主義を考えよう。ベンサムの提唱した「最大多数の最大幸福」は、次のように整理することができる[5]。

①善とは幸福であり、幸福とは快楽が大きくて苦痛が少ないことである。

②個人は快楽を最大にし、苦痛を最小にしようとする。

③社会にとって「正しい」行為とは、関係する人々の幸福を増進する行為である。

④社会にとって最も好ましいこと、したがって目標とすべきことは、最大多数の人が最大の幸福を達成することである。

この主張を所得分配に当てはめると、各個人が所得から得る効用の合計が最大になるように所得を分配するということになる。このとき、社会厚生関数は次のように表される。

$$W = u_1 + u_2 + \cdots + u_n$$

これを**ベンサム型社会厚生関数**と呼ぶ。功利主義の下では、ある人の効用

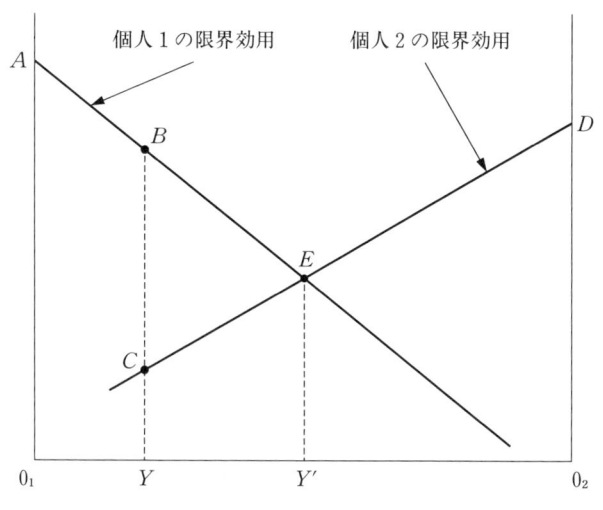

図6-2 ベンサム型社会厚生関数における所得分配

の増加が別の人の効用の下落を上回るならば、効用の下落した人に対して社会的に補償することが可能であると考えている。

では、ベンサム型社会厚生関数の下では、どのような所得分配が実現するだろうか。簡単化のために、経済に2人しかいない場合（個人1と個人2）で考えてみよう。議論の前提として、所得の限界効用（追加的な所得の増加に伴う効用の増加分）は、所得の増加に伴って逓減することを仮定しよう。以上の想定の下で、所得分配の様子は、図6-2に描かれる。

まず、この経済の総所得は0_1から0_2までの長さで測られており、個人1の所得は0_1から右方向に、個人2の所得は0_2から左方向に測られている。今、個人1の所得が0_1Y、個人2の所得が0_2Yという所得分配（これを所得分配Yと呼ぼう）が実現しているとする。つまり、個人1は個人2に比べて貧しい。このときの両者の効用を比較してみると、まず個人1の効用は0_1からYまでの限界効用曲線の下側の□$A0_1YB$となる。同様にして、個人2の効用は□$DCY0_2$となる。

このとき、現状の所得分配Yは社会厚生を最大化していない。なぜなら、

第6章 所得分配と租税、社会保障政策 117

現状の所得分配における限界効用は個人1の方が高いため、個人2から個人1へ所得の再分配を行うことで社会厚生が増加するからである。もし再分配の結果、所得分配 Y' が実現するならば、社会厚生が $\triangle BCE$ 分だけ増加することを確認されたい。

以上の議論から、功利主義に基づくベンサム型社会厚生関数の下では、各個人の限界効用が均等化されることがわかる。一般に、両者の限界効用に大きな差がなければ、社会厚生を最大化する所得分配は均等分配に近いものとなる。とりわけ、各個人が所得から得る効用がまったく同一であるときには、所得分配は均等分配となる[6]。

3 ロールズ主義

ロールズ（J. Rawls）は、功利主義に対する批判から出発して新たな基準を提唱した。彼の主張は、「最も恵まれない人々の所得を最大にする」というマクシミン原理に集約される。彼は、次の2つの原理が人々によって合理的に選択され、社会的な合意を形成するとした[7]。

①第1原理：各個人は、他のすべての人々にとっての自由と両立する限りにおいて、最も広範な基本的自由に対する平等な権利を有する。

②第2原理：社会的・経済的不平等が許容されるとしても、それは(a)最も恵まれない人々に最大の利益となるように、かつ(b)職務や地位をめぐる公正な機会均等の条件が満たされる限りにおいてである[8]。

第1原理は第2原理に優先し、(b)は(a)に優先する。彼はまず、第1原理で政治的自由や言論の自由、思想の自由などの基本的自由が平等に認められるべきことを述べる。そこでは、基本的自由は自由のためだけに制限される。次に、第2原理で社会的・経済的不平等が許される状況として、少なくとも機会の均等が保証されるべきこと、そして最後に最も恵まれない人の状態が改善されるべきことを述べる。経済的な効率性や功利主義でいう厚生の最大化は、正義に関するこの2つの原理よりも優先順位は低い。このように、奴隷制をも許してしまう功利主義に対する批判的立場が明らかとなっている。

彼の議論を成立するための重要な前提として、人々が自らの地位や才能、経済的状況や政治的立場などをあらかじめ知らない（無知のベールに覆われている）という仮説的な想定がある。つまり、無知のベールに覆われており自分がどのような境遇となるかがわからないからこそ、人々は危険回避のために最も恵まれない人の状態を改善することに合意するのである。

　以上の主張を所得分配に当てはめると、社会厚生は最も恵まれない人の効用に一致することとなり、社会厚生関数は次のように表される。

$$W = \min[u_1, u_2, \cdots, u_n]$$

　これを**ロールズ型社会厚生関数**と呼ぶ。ロールズ主義の下では、効用の最も低い人の効用が改善されれば同様に社会厚生は改善されるが、それ以外の人の効用が上昇しても社会厚生にはまったく影響しない。つまり、ほとんどすべての人の効用がどれだけ上昇しても、最悪の状態にある人の効用が低いことによる社会的損失は補償されない。

　では、ロールズ型社会厚生関数の下では、どのような所得分配が実現するだろうか。もし経済全体の総所得が所得の再分配によって影響を受けないならば、最低所得水準にある人の所得を引き上げることが社会厚生の増大に寄与することから、最終的には所得の均等化が志向されることとなる。またロールズは、有利な立場にある人の状態が改善されれば最も恵まれない人の状態もまた改善されるという外部性を認めたうえで、効率性を追求することと所得分配の公平性との整合性を見出している。

　しかしながら、ロールズ主義は必ずしも平等主義とはいえないことに留意したい。たとえば、有利な立場にある人の所得が大幅に改善され、それに付随して最も恵まれない人の所得がわずかながら改善されたとしよう。この場合、所得格差は拡大しているが、ロールズ主義によれば望ましいとされる。同じように、所得格差が縮小されるような所得再分配政策でも、最も恵まれない人の所得が減少するような政策は認められないこととなる。

3　医療保険、介護保険、公的年金

　国民が最低限の生活を送れること、安定した生活が維持できること、そうすることで社会生活を享受できることを目的に、国は社会保障制度を設けている。社会保障制度は公的扶助、社会保険、社会福祉、公衆衛生からなっており、ここでは社会保険の中の**医療保険**と**介護保険、公的年金**について述べる。

　社会保険については、高齢化[9]の問題と切り離しては考えられない。人生80年時代といわれるように高齢化が進み、それに伴い引退後の時間はどんどん長くなっている。かつては「老後」などと呼ばれた世代のイメージとは程遠い、はつらつとした高齢者が増えている。第2の人生をより充実させ、安心して生活するために、医療保険や介護保険、公的年金はなくてはならないものである。

　わが国の医療保険制度は、公務員やサラリーマン家庭が加入する被用者を対象とする健康保険、自営業者や農業者が加入する国民健康保険などからなっており、国民はどれかの保険に必ず加入し、加入者は保険料を負担しなければならない。いわゆる国民皆保険制度である。国民皆保険制度の下では保険の加入者は、保険料を負担するかわりに、もしも病気や怪我をしたときには、医療費の一部を負担するだけで、治療を受けることができるのである。たとえば、熱を出して病院に行ったとしよう。診察・投薬を受け、診察料(これを窓口負担という)を支払う。このとき支払う診察料は実は、実際にかかった治療費の2割、または3割である。いわゆる風邪で、よほど状態が悪くない限り、患者が支払う診察料は1500円前後ではないだろうか。とすれば、実際には約5000円かかっていることになる。これにより、高額の医療費負担が軽減されるが、一方で、急速な高齢化に伴い、医療費が増大し、医療保険制度の財政は非常に厳しい状態にある。実際、1991年に21.8兆円だった医療費が、1999年には30.9兆円と、約4.8％増加している[10]。ほぼ同

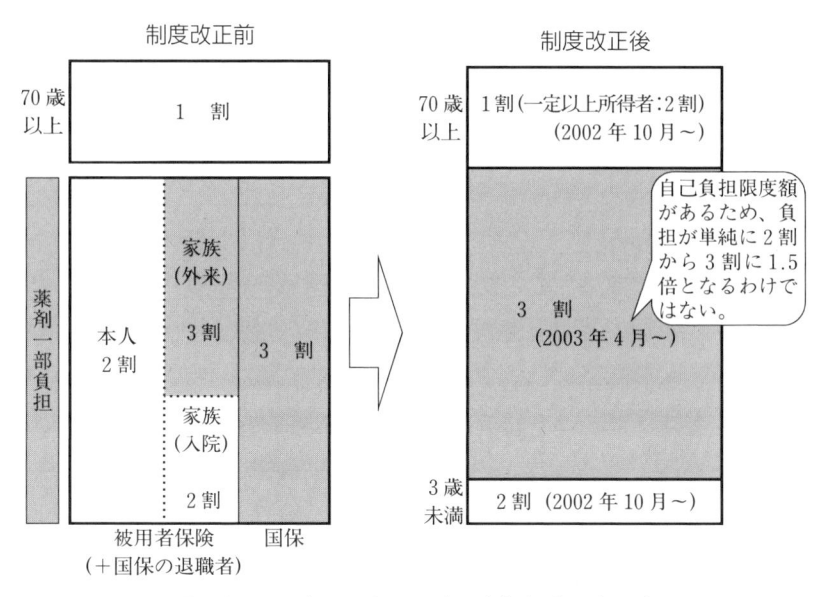

図6-3 2003年4月からの窓口負担割合の変更点
出所：厚生労働省ホームページ (http://www.mhlw.go.jp/) より引用。

時期のGDPの伸び率が、景気の低迷で1.3％であることからも財政は非常に厳しい状態にあることがわかる（数値は『厚生労働白書』2001年版より引用）。そこで、2003年4月からサラリーマン本人の窓口負担が2割から3割に引き上げられた。この結果、図6-3のように、従来は被用者保険と国民健康保険で負担額に差があったが、4歳以上70歳未満の人は一律3割負担となった[11]。

急速な高齢化への対応として、2000年から介護保険制度が施行され、寝たきりや痴呆などで日常の動作に常に介護が必要な場合、あるいは老化が原因とされる特定疾患により介護を必要とする場合などに、介護保健サービスを受けることができるようになった。介護保健サービスは、利用する本人または家族が申請をし、申請を受けた市の職員や委託されたケアマネジャーによる訪問調査や主治医の意見書をもとに、要介護状態の認定が行われる。要介護認定は、要支援から要介護5まで、6段階に区別されている。要介護認

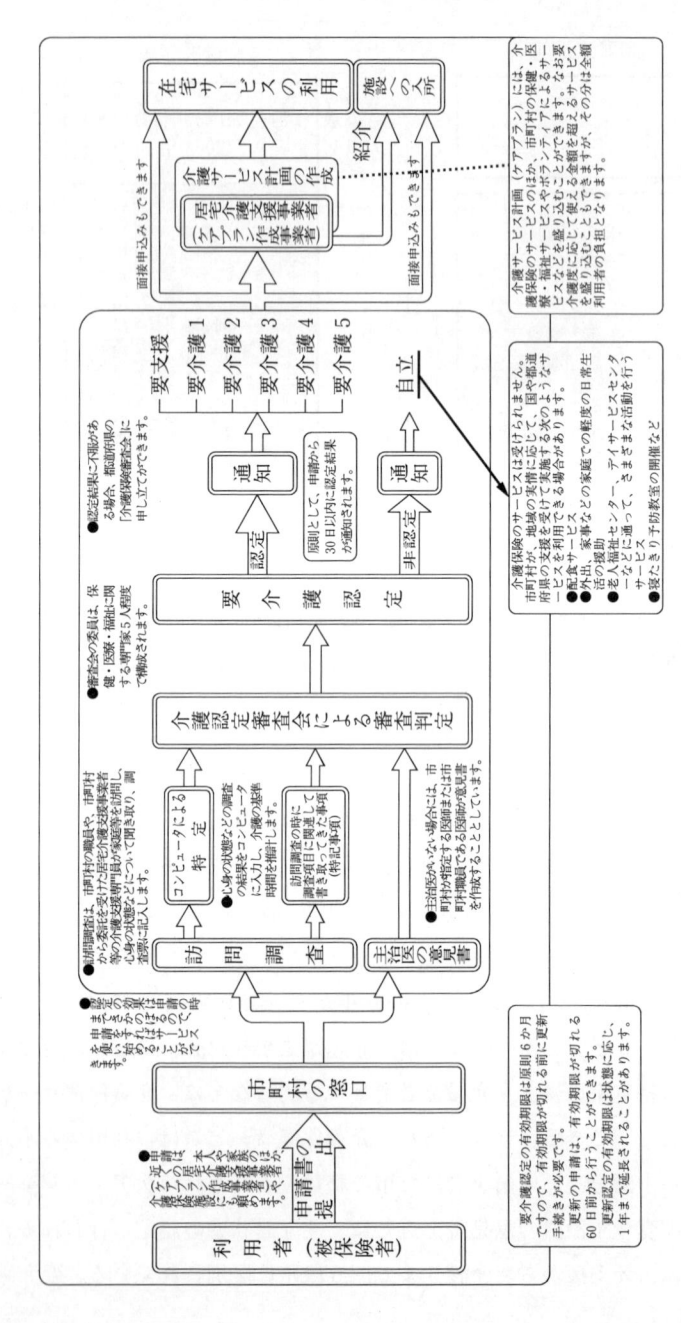

図 6-4 要介護認定の申請から介護サービスを利用するまで

出所：図 6-3 と同じ。

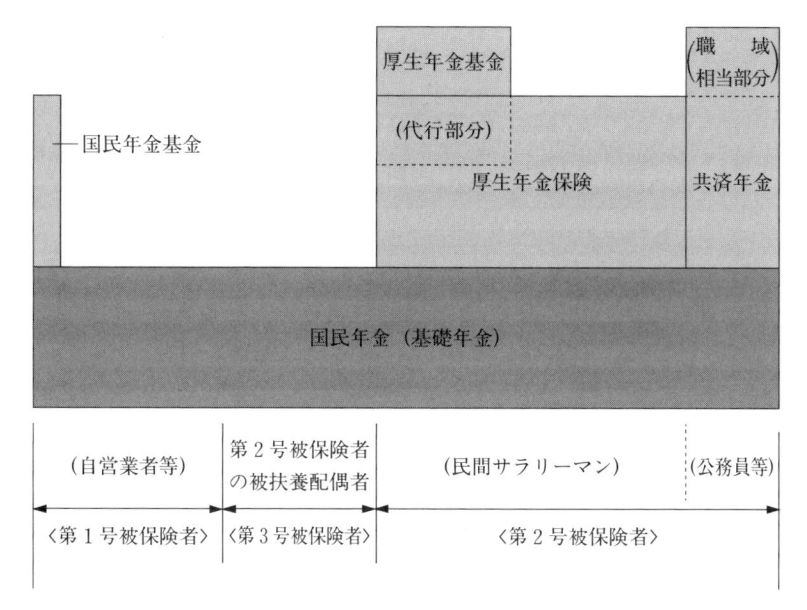

図6-5 国民年金制度の体系
出所：社会保険庁ホームページ (http://www.sia.go.jp/) より引用。

定を受けた利用者は、居宅介護支援事業者に介護サービス計画書の作成を依頼し、それに従ってサービスを受けることができるようになる。それを詳しくまとめたのが、図6-4である。

　公的年金制度は、公的に運営され、国民全員を強制加入させるものである。この制度は、人というものは一般的に将来のことをよく考えないままに、若いときにたくさん消費してしまう傾向があり、将来の生活に困るようなことになりかねないので、政府はそれをあらかじめ正す必要がある、という考え方（温情主義）に基づいている。わが国の公的年金制度は、若い世代が社会保険料として支払ったものを高齢者に年金として給付する形をとっている[12]。若年世代は図6-5のように、基礎年金の被保険者になり、それに加えて、サラリーマンや公務員などは報酬比例の厚生年金の被保険者にもなる。図からみてとれるように、基礎年金と厚生年金が2階建てになっていることから、わが国の年金制度は2階建ての年金制度と呼ばれている。

第6章　所得分配と租税、社会保障政策　123

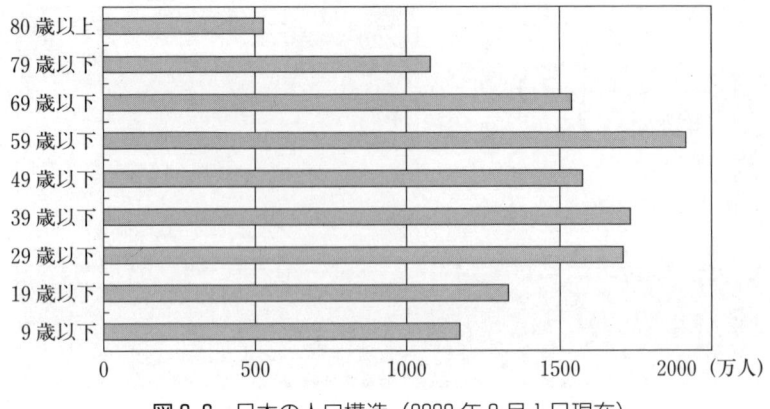

図 6-6 日本の人口構造（2002 年 9 月 1 日現在）

　年金制度には、2 つの方式がある。賦課方式と積立方式である。賦課方式は、同時期に生きている若年世代が老年世代の年金を負担するもので、積立方式は、若いときに将来の年金のための基金を積み立てておくものである。日本は積立方式をとりながら、実態はほとんど賦課方式といえるもので、修正積立方式と呼ばれている。2 つの方式を所得再分配の観点から比較すると、賦課方式では若年世代から老年世代へ、世代間の所得移転が行われる。一方、積立方式では、世代間の所得移転は行われない[13]。

　近年の急速な高齢化に伴って、この 2 つの方式をめぐる論争が激しくなっている。すなわち、今のままの修正積立方式（賦課方式）では、早晩、高齢化に対応できなくなるという危機感が大きくなってきているのである。賦課方式は世代間で所得の再分配を行うため、世代ごとに人口が変化すれば、人口が少ない世代はより大きな負担を負うことになり、世代間で不公平が生じる。老年世代に比べて若年世代の人口が少ない場合には、最後には破綻することもありうる。とくに、日本では高齢化とともに、少子化も進んでいる。図 6-6 からもわかるように、老年世代はどんどん増えているのに、若年世代は減っている。今や、女性が一生の間に出産する子供の数（合計特殊出生率）は 1.3 人あまりとなり、このままでは、間違いなく若年世代で老年世代の年金を負担しきれなくなるのである。

それに対して、積立方式は、世代間の所得再分配が行われないので、人口構造の変化には対応できる。しかし、もしインフレーションが進むと、若いときに積み立てた年金の価値が将来目減りしてしまう可能性がある。しかしながら、積立方式に対するインフレの懸念はあるとしても、賦課方式が破綻することに対する危惧のほうがはるかに大きいために、「何とかしなければ」、具体的には「積立方式へ移行するべきである」という議論が主流になってきている。そして、それは急がなければならない。いわゆるベビーブーマー（団塊の世代）といわれた世代は、現在50歳代に差し掛かっている。彼らが年金受給者になる前に何とか対策を講じる必要がある。

　では、賦課方式から積立方式への移行は簡単にいくものであろうか。もし、来年から積立方式に変更するとしたらどうであろう。今の若年世代は、自分たちの将来のために積み立てをすることになり、賦課方式で年金を給付されていた今の老年世代の年金を負担する人がいなくなってしまう。必然的に、移行するためには2つの方式によって課される負担を両方とも負う世代が生まれてしまう。「二重の負担」である。どの世代もこの二重の負担を負うことに関しては当然反発する。そのために、積立方式への移行が必要なことだとわかっていても、なかなか実現されないのである。

4　租税による所得の再分配

1　租税と所得分配

　第2章で指摘したように、競争市場においては効率的な資源配分が達成されるが、それは必ずしも公平な資源配分とは限らない。いわゆる貧富の差のような不公平な所得分配をもたらすかもしれない。たしかに資源配分の公平を測る尺度は効用であって、所得ではないが、効用は客観的に計測することが難しいため、しばしば所得分配が議論されてきた。資本主義社会において、貧富の差は必至ともいえるが、効率的でかつ公平な社会をめざすならば、——そしてそれは2節で述べたようにその社会がどのような価値判断の基準

を持っているのかにも大きくかかわるが——何らかの調整が必要となるであろう。

　租税による所得の再分配も調整方法の一つである。簡単にいえば、高額所得者からより多くの税を徴収し、低額所得者への給付にあてるのである。これが比例税や累進税である。比例税は課税ベースとともに税負担も比例的に増加するものである。たとえば、所得が2倍になると税負担も2倍になるようなケースである。この場合、高額所得者の税負担額は低額所得者に比べて大きいものとなる。これに対して累進税は所得税などに適用されているように、課税ベースが増加するとそれよりも大きく税負担が増加するものである。たとえば、所得が2倍になると税負担が2.5倍になるようなケースである。これは高額所得者から徴収する税額が大きいだけでなく、税負担の割合を大きくすることで、再分配効果をより大きくする政策である[14]。

　これに対して、日常必要な財に課される消費税は、政府が安定的な租税収入を得ることができるという点ではよいが、所得の再分配という点では逆進性を持つ。すなわち、生活必需品は高額所得者も低額所得者もともに必要とするものであり、その消費量に大差はないと思われる。その場合、同じ税率で課税されれば、その税負担の所得に占める割合は、低額所得者の方が高くなる。したがって低額所得者に相対的に大きい税負担を強いることになり、所得の再分配の観点からは、高い消費税率は望ましくない。

2　直接税と間接税

　われわれの日常生活の中で、「税金」と聞いて、すぐ思い浮かべるのは、何税であろうか。学生であれば、コンビニで支払う消費税、あるいは喫煙者であればタバコ税、いや酒税であろうか。昼間仕事を持っている夜間部の学生なら、所得税も気になるところであろう。このように現在、日本には多種多様な税が存在し、徴税されている。一口に税といっても、納税者と税を負担する担税者の違いによって区別される直接税と間接税、課税権を有するのが国か地方自治体かによって区別される国税と地方税、税収が一般の歳出に

使われるか、特定の目的にあてられるかで区別される目的税と一般税（地方税では普通税）など、さまざまな分け方がされている。詳しい話は財政学などに譲るとして、ここでは直接税と間接税、そこから生じる税の転嫁と帰着の問題、そして課税による超過負担の議論について説明する。

　直接税には所得税や法人税があり、一般的には、「税を負担する人（担税者）と納める人（納税者）が同じである税」と定義される。一方、間接税は消費税などにみられるように、「税を負担する人と、納める人が異なる税」と定義される。消費税の場合、負担するのは消費者だが、それを納税するのは店主（経営者）である。このように税負担が、実際には納税者ではない人にある場合、負担が転嫁される、という。また実質的な税負担が行き着くところを帰着という。

　直接税と間接税の定義については、納税者と担税者が同じとされる直接税であっても、サラリーマンの所得税は源泉徴収され、実際に担税者が納税しているとするには無理がある、などの批判もある。そこで、納税者の視点からとらえて、収入に課されるのが直接税で、支出に課されるのが間接税であるとする考え方や、納税者の個人的な事情を考慮して課税されるものを直接税、納税者の個人的な事情とは無関係に課税されるものを間接税と定義する提案もある。ここで、個人的な事情とは、たとえば結婚しているか否か、子供が何人いるかといったことをさしている。

5　公債の経済効果と世代間負担

1　公債発行とその問題点

　租税について、前節では、まず理論的なことから説明したが、日本の税収入の実態はどのようなものであろうか。実際のデータをみてみよう。

　図6-7は2001年度の一般会計予算の内訳を表している。

　ここからも明らかなように、歳入のうち税収で賄われているのは約6割である。そして建設国債（4条国債）[15]と特例国債（赤字国債）の合計が歳入の

歳出

- 社会保障関係費
- 文教および科学振興費
- 恩給関係費
- 防衛関係費
- 公共事業関係費
- 経済協力費
- エネルギー対策費
- 食品安定供給関係
- その他
- その他事項経費
- 公共事業等予備費
- 予備費
- 地方特例交付金
- 地方交付税交付金
- 国債費

171,705 / 175,552 / 66,472 / 13,562 / 49,553 / 94,352 / 9,562 / 6,139 / 3,485 / 6,952 / 54,460 / 3,000 / 3,500 / 9,018 / 159,211

歳入

- 所得税
- 法人税
- 相続税
- 消費税
- 酒税
- たばこ税
- 揮発油税
- その他税収
- 印紙収入
- その他収入
- 建設国債
- 特例国債

195,580 / 185,720 / 118,390 / 15,970 / 101,290 / 18,230 / 8,820 / 21,210 / 22,600 / 15,050 / 36,074 / 87,600

図6-7 2001年度一般会計予算の内訳（単位：億円）

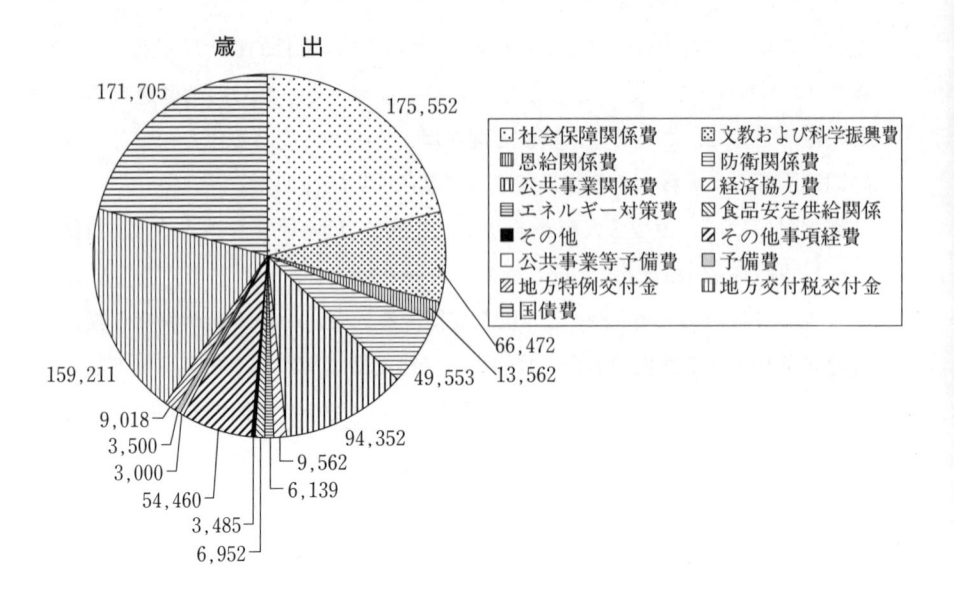

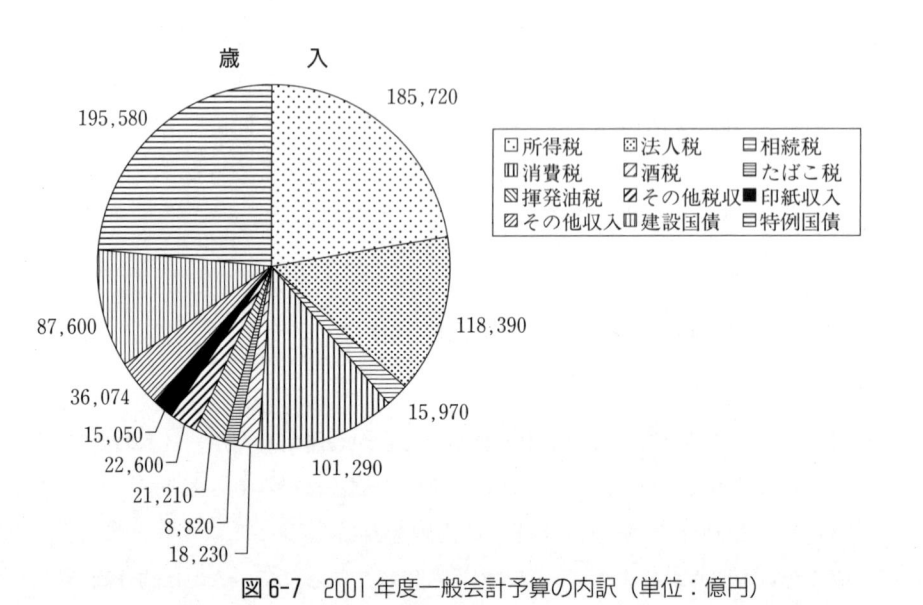

出所：imidas'02 より作成。

表6-1 国債および借入金現在高

(単位:億円)

区　　分	金　額	前期末 (2002年6月末) に対する増減(△)	前年度末に対 する増減(△)
内　国　債	4,783,339	146,922	301,715
普通国債	4,090,335	87,458	165,994
長期国債(10年以上)	2,718,961	15,011	51,723
中期国債(2年から6年)	1,024,087	51,895	92,650
短期国債(1年以下)	347,287	20,552	21,622
財政融資資金特別会計国債	581,749	63,171	144,144
長期国債(10年以上)	226,928	25,574	58,748
中期国債(2年から5年)	354,821	37,597	85,396
交付国債	2,619	4	△ 836
出資国債等	22,429	△ 211	244
預金保険機構特例業務基金国債	33,508	△ 2,100	5,944
日本国有鉄道清算事業団債券承継国債	52,700	△ 1,400	△ 1,400
借　入　金	1,050,300	△ 18,552	45,163
長期(1年超)	616,410	△ 17,507	32,636
短期(1年以下)	433,890	△ 1,045	12,526
政府短期証券	481,621	△ 87,009	△ 14,413
合　　計	6,315,261	41,361	242,139

出所:財務省ホームページ (http://www.mof.go.jp/) より引用。

約3割にのぼっている。すなわち、3割は借金である。さらに国債は償還までに長い期間がかかるため、毎年の償還額が発行額を下回っている場合には年々残高は増えていく。表6-1には、国債と借入金の残高が示されている。日本の国債累積額は400兆円にもなる。ちなみに、imidas'02では、江戸幕府が歳出に占める借金の割合が44%あまりに達し、財政が破綻し崩壊したことを例に、警告を発している。

　公債には、国が発行する国債、都道府県が発行する都道府県債、市町村が発行する市町村債があり、また建設公債と赤字公債という区別もある。建設公債はその名のとおり、何かを建設するための資金を調達するために発行され、赤字公債は、政府支出のうち税収では足りない分について発行される。

同じ公債だが、両者には大きな違いがある。

　累積額が増え、将来、子供や孫の世代に借金を残すという点では、建設公債も赤字公債も同じである。しかし、建設公債は長い間にわたって便益をもたらす何か建設物が残るのに対し、赤字公債は消費に使われてしまうものであり、将来ただ借金のみが残ることになる。ちょうど私たちが、住宅ローンはその住宅を売ることによって返済可能である限り、借金とはいえないが、生活費の不足分をクレジットカードでキャッシングをすると、翌月返済しなければならず余計に大変だ、などと考えるのと似ている。

2　公債発行と将来世代の負担

　赤字公債は将来世代に借金のみを残すといったが、そのメカニズムを詳しくみていこう。たとえば今年、景気刺激策として減税をしたとしよう。減税をすれば当然税収は減るので、その分を赤字公債発行でまかなったとしよう[16]。公債を購入した人は代金（額面）を支払い、債券を受け取る。それを償還までの期間持ち続けると、利子とともにその代金が返ってくる（償還される）。国民は政府を信頼し、将来償還されない可能性など考えることなく、むしろ喜んで購入するのである[17]。一方、政府は公債を発行した額だけ、国民からその代金を受け取ることができる。まさに国が国民に借金をしているのである。しかし、借金は返さなければならない。償還のとき、その元本プラス利子の財源は通常税金で賄われる。発行された公債が、長期公債の場合償還期間は10年以上となり、償還のための財源を負担するのは子供の世代になると考えられる。そのとき、十分な税収があれば償還は容易であろう。しかしもし、不足するようなら増税されることになる。「親の世代の減税のツケが子供の世代に回ってくる」のである。しかも増税に対する圧力は強く、増税案を提案する政治家はおそらく次の選挙で、落選するであろう。そうなるとどうするのか。償還のために再び赤字公債を発行することになる。つまり「借金の返済ために借金をする」ようになるのである。そして日本は今、まさにこの状態にあるといえる。

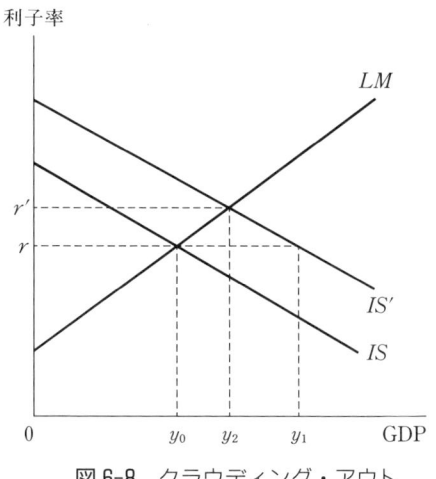

図6-8 クラウディング・アウト

さらに赤字公債の発行は、「クラウディング・アウト」を引き起こし、財政政策の効果を小さくしてしまうのである。マクロ経済学などで勉強したIS・LM分析を用いて説明しよう。

公債を発行して政府支出を増加させると、まず財市場でその乗数倍だけGDPが増加する。図6-8では、IS曲線が右上にシフトし、GDPがy_0からy_1へ増加する。次にGDPの増加に伴って貨幣市場で貨幣の取引需要が増加するため、貨幣市場が超過需要になり、利子率がr'に上昇する。すると利子率の上昇で民間企業の資金調達コストが上昇し、財市場で民間投資が減少する。その結果GDPはy_2に引き戻されるのである。このような公共部門の支出が民間投資を押しのけてしまう現象をクラウディング・アウトと呼ぶ。このクラウディング・アウトも公債発行の重大な問題点といわれている。

赤字公債の発行が将来世代へ負担を転嫁することについては、すでに述べた。しかし、リカード (D. Ricard) は、もし公債の償還が同一の世代内で行われるなら、減税のために公債発行されても、同じ世代のうちに増税されるならば、ちょうど相殺されることになり、生涯の予算制約には何の影響も与えず、負担を将来へ転嫁することはないと主張した。これをリカードの中立

命題という。しかしながら、やはり償還期間が長い場合には、この主張は当てはまらないとされた。しかし、バロー（R. J. Barro）によれば、償還期間が長い場合も、親が子供の負担を予想して、将来の増税分を遺産として残すとしたら、実質的な負担は減税された世代が追うことになり、負担を将来へ転嫁することはないと主張した。これはバローの中立命題といわれる。このバローの主張は、利他的な遺産動機という概念を経済学に導入したことで非常に画期的であったが、親が子供に遺産を残すためには親が子供の効用を自分の効用と同じだととらえなければならない。すなわち子供の喜びは親の喜びである、という具合である。果たして、親はそこまで強く子供を愛するだろうか。あるいは、遺産を残すことが子供への愛だと考えるだろうか。

いずれにしても、このまま公債の累積額が増加し続ければ、日本は国際的に信用をなくし、それは為替レートに反映され、輸出や輸入にも影響を与えるであろう。するとますます景気が低迷し、最悪の場合は、日本が「倒産」する。

●——注

[1] 社会的な合意の形成については第7章であらためて述べる。
[2] 厚生省（1999）。
[3] 内閣府（2001）。
[4] 順序づけに関する整合性の議論は第7章で行う。
[5] 竹内（1997）。
[6] 各個人の効用関数に差異がないこと、および限界効用が逓減することの論拠として、ピグーらは効用として肉体的健康と生活上の物質的必要のみを考慮する「物的厚生」を考えていた。
[7] Rawls（1971；邦訳 1979）。
[8] 第1原理は平等な自由原理（equal opportunity principle）と呼ばれる。第2原理の(a)を格差原理（difference principle）、(b)を機会均等原理（equal opportunity principle）と呼ぶ。
[9] 高齢化率（全人口に占める65歳人口の割合）が7％をこえる社会を高齢化社会、14％をこえる社会を高齢社会という。
[10] 2000年に介護保険制度が導入されたことから、医療費は2000年には29.1兆円に減少しているが、それは医療費の一部が介護保険へ移行したことに

よる。
[11] ただし、1ヵ月当たりの自己負担限度額が決められており、図にもあるとおり、単純に1.5倍になるわけではない。
[12] 20歳になると国民年金の保険料を支払わなければならないが、大学生などには学生納付特例制度があり、申請をして要件を満たせば、支払いを猶予される。ただし将来満額の年金を受け取るためには、所得を得てから追納しなければならない。
[13] 世代間の所得の再分配効果に対して、世代内の所得の再分配効果も指摘されている。これは一つの世代の中で、長命な人と短命な人との間の再分配効果のことをさし、賦課方式にも積立方式にもある効果である。
[14] 税を課すことによって、確実に社会的効用は減少する。これは第2章の余剰分析からも明らかであるが、徴税費用などとは別に、「超過負担」といわれる社会的ロスが生まれる。
[15] 財政法第4条では、国が公債発行や借金をすることを禁止しているが、公共事業費や出資金および貸付金の財源としては公債発行を認めるという但書がある。ここから4条国債と呼ばれる。
[16] 2003年個人向けの国債も発行されるようになった。
[17] しかしながら、民間の格付け会社によれば、日本国債の格付けは先進国の中で最低の水準であり、信頼性がかなり低下してきている。

―― 練習問題 ――

1 次の記述について正誤を判断せよ。
　①功利主義は、人々の幸福を増大させるものを「善」と見なして奨励し、人々の幸福を損なうものを「悪」と見なしてこれを否定する。
　②ロールズは『正義論』の中で、各個人の経済的・社会的な機会均等の整備のみが重要であり、その結果として生じる経済的・社会的不平等は問題としていない。
2 介護保険の仕組みについて説明せよ。
3 公的年金の財源を調達する方法として、賦課方式と積立方式があるが、これらの説明について正しい記述はどれか。
　①わが国の公的年金は賦課方式である。
　②人口増加率が低下し、高齢化が進展している社会では、積立方式の方が賦課方式よりも有利となる。
　③利子率が人口増加率と所得増加率の和よりも大きければ、年金水準は賦課方式の方が高い。
　④積立方式とは、ある期に青年期の世代が負担する年金額を、その期の老年期の世代にそのまま回して、老年世代の年金給付にあてる方式である。
　⑤世代間の不公平を生じるのが、賦課方式である。

第7章

公共選択と政治過程

1 合意の形成と公的意思決定メカニズム

1 公共選択論とは何か

本書ではこれまで、市場経済において発生する「市場の失敗」を解決する方法として、主に政府による規制や課税・補助金政策、政府自身による供給などをとりあげてきた。そこでの政府は、国民の便益(総余剰)を最大化すると想定されていた。つまり、個々の消費者や企業といった経済主体は自らの利益のみを追求する利己的な存在という想定をする一方で、政府には博愛主義的な行動を強制していたのである。さらにこれまでの議論は、政府が意思決定を行うまでに通過しなければならない政治過程を捨象してきた。

当然のことながら、政府がどのような政策を行うかは、有権者によって選ばれた国会議員によって構成される国会を通じて決定される。つまり、政治過程を経たうえではじめて、何らかの公的な意思決定が行われるのである。

以上のような問題意識で登場したのが**公共選択論**と呼ばれる分野である。ミュラー (D. C. Mueller) が簡潔に述べているように、公共選択論とは、「非市場の意思決定に関する経済学的な研究、あるいは単に経済学の政治学への応用」である。公共選択論には次のような特徴がある。まず第1に、政治学同様、投票制度、投票行動、政党政治、利益集団、官僚制度といった非市場

の意思決定を分析の対象としている。第2に、このような政治現象を分析の対象としながらも、方法論としては経済学に基づいた分析が行われる。したがって、第3に、個々の経済主体のみならず、政治過程に登場する政治主体もまた、自らの利益のみを追求する利己的で合理的な存在であると想定される。そして、第4に、経済学における規範的経済分析同様、よりよい社会や政治を実現するためにはどのようにすればよいかという政策提言を行う。

では、個々の主体が利己的で合理的な存在であることを認めたうえで、社会全体の合意はどのようにはかられるのだろうか。また、政治制度や投票制度はどのように機能しているのだろうか。そもそも、どのような社会や政治が望ましいのだろうか。公共選択論はこういった疑問に対して経済学の手法を用いて答える学問分野といえる。

2 公共選択論の考え方

1項で、公共選択論では、合理的主体間の非市場における意思決定について議論すると述べた。公共選択論の具体的な内容に入る前に、「合理的主体」、「非市場」の意味するところについてもう少し詳しく述べておこう。まず、政治主体に対して利己的で合理的な存在という公理を当てはめてしまうことは妥当な想定だろうか。四書五経の一つである『大学』には、「明明徳」、「親民」、「誠意」などの言葉が重要な政治哲学としてあげられているが、この儒学を志す者にとっての必読書をあげるまでもなく、政治家がすべからく自分の利益だけを考えて行動しているわけではないのは明らかであろう。しかしながら、利己的で合理的な政治家を想定することは、有権者のためによい政治をすることだけを心がけている政治家を想定するのと同じくらい非現実的なものではないだろうか。

重要なのは、個々の政治主体に博愛主義を強制することはできないという事実である。投票者だけでなく政治家もまた人間である以上、自らの利益の最大化から離れて行動することはできない。自らの利益を最大化するために合理的な行動をとるという公理を受け入れることで、客観的で論理的な分析

が可能となる。つまり、各政治主体にただやみくもに倫理を要請するよりも、個々の政治主体が合理的に利益追求する状況の下での社会や政治のありうる姿を提示することで、建設的な議論が可能となるのである。

　一方、「非市場」とは何をさすだろうか。先にあげた第1の特徴の他に、経済学で重要な分析対象となるのが、「市場の失敗」における政治過程である。「市場の失敗」のない状況では、第2章3節で述べたように、市場メカニズムを通じてパレート最適が実現される。これに対し、外部性は、他者への影響が市場を経由しないことが失敗を引き起こし、公共財や費用逓減産業では市場での自由な取引を許した結果として効率性が阻害される。前者ではそもそも市場が存在せず、後者では市場が本来の機能を果たさないため、政府に解決が要請される。したがって、社会にどれだけの汚染を許し、どれだけの公共財を供給するのかといった問題は政治過程を通じた各主体の合意の形成があってはじめて政策として実行されることとなる。

　これ以外にも、たとえば日本政府の抱える長期債務の問題について多くの国民がその削減を望んでいるにもかかわらず、債務残高が増え続けるのはなぜだろうか。中欧や東欧の社会主義諸国にとって、市場経済に移行する方が経済効率や経済成長を高めることは一般に合意を得ているにもかかわらず、その移行過程が時に緩やかなものとなるのはなぜだろうか。

　経済学では、「ひとたび最適な政策が発見されれば、その政策は必ず実行される」ことが想定されているといえるが、実際にその政策が実行されるまでには政治過程を通じた何らかの合意形成が不可欠なものとなる。こういった問題もまた、公共選択論の分析の対象となる。

　この章では、公共選択論のうち、とくに投票行動や投票メカニズム、政党の行動について述べることとする。次の章で、それ以外の政治過程として、利益集団や官僚の行動について述べるとともに、「市場の失敗」に対して「政府の失敗」が発生する状況について議論する。

2 投票メカニズム

1 多数決投票

　私たちは多くの場合、民主的な合意形成の方法として多数決を当たり前のものとして受け入れている。しかし、**多数決投票**は民主的に社会の合意を形成する方法といえるだろうか。たとえばルソー（J. J. Rousseau）は次のように述べている。

　　「……選挙が全員一致でない限り、少数者は多数者の選択に従わなければならぬなどという義務は、いったいどこにあるのだろう。……多数決の法則は、それ自身、約束によってうちたてられたものであり、また少なくとも一度だけは、全員一致があったことを前提とするものである」。

　読者はこの哲学的巨人の問いかけにどのように答えるだろうか。多数決が多く用いられる理由として、ブキャナンとタロック（J. M. Buchanan and G. Tullock）の2人は、合意形成に関する次の2種類の費用を考えた。第1に、社会が合意を形成するためには費用がかかり、交渉・説得にかかる費用は合意させる人の数が多くなるほど高くなる。この費用を意思決定費用という。第2に、社会に何らかの合意が形成された際に、その合意に反対でありながら従わなければならない人が被る費用があり、その費用は合意する人の数が少ないほど高くなる。この費用を外部費用という。この様子は図7-1に描かれている。

　今、社会に N 人がいるとしよう。右上がりの曲線 D は、意思決定費用が合意の形成に必要な人数に応じてどのように変化するかを表している。一方、右下がりの曲線 E は外部費用と合意の形成に必要な人数との関係を表している。たとえば全員一致の場合、この合意に反対する人が皆無であるため、外部費用はゼロである。しかしながら、すべての人が納得するためにかかる意思決定費用は非常に高いものとなる。また、独裁者の意思決定が社会的合

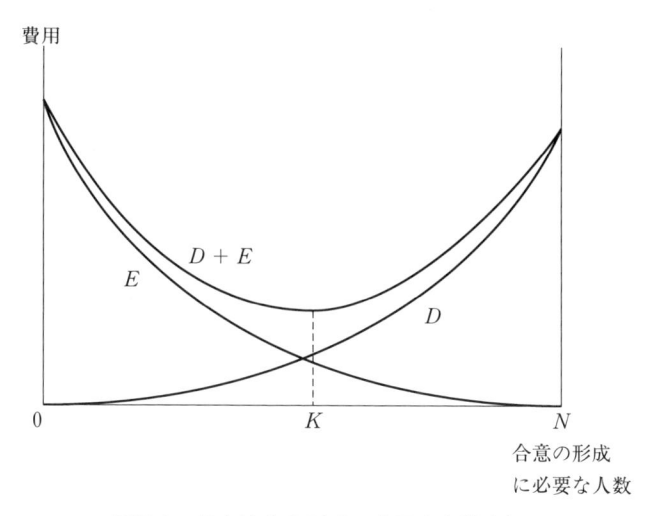

図7-1 社会的合意形成の費用と多数決投票

意となる場合、意思決定費用はゼロとなるものの、1人の意見に他のすべての人が従わなければならないため、外部費用は非常に高いものとなる。

ブキャナンとタロックは、意思決定費用と外部費用の合計である総費用が最も小さくなる人数の合意によって社会的合意が形成される可能性を、効率性の視点から提示したのである。図7-1においては、総費用が最も小さくなるK人の合意によって社会的合意を形成することが最適となり、全体のK/Nだけの割合の合意が求められる。

もちろん、社会的合意形成に必要な総費用が最小となる人数（の割合）は、意思決定費用と外部費用の大きさに依存する。たとえば国連の安全保障理事会では、15理事国のうち過半数の8を上回る9理事国の賛成投票により決議が成立し、とくに重要事項については常任5理事国には拒否権が認められている。これは、国際間の平和と安全の維持に関する重要な意思決定については外部費用が高く、とりわけ常任理事国に関しては歴史的経緯や大国にとっての外部費用の大きさから全員一致を要求していることがわかる。

なお、多くの多数決投票が過半数の承認を要求するのは（実際本章でも多

第7章 公共選択と政治過程　139

数決をそのような意味で用いている)、過半数より小さい承認で可決を認めると、2つの矛盾する提案のいずれも承認される可能性があるからである。たとえば30％の承認で可決されるとすれば、ある提案に賛成する人が30％以上おり、反対する人も30％以上いればどちらの提案も可決されてしまう。

このように、全員一致よりも多数決の方が社会にかかる費用が小さくなる可能性が示されたが、それ以外にも、全員一致の場合には投票者全員に拒否権が与えられていることから、議案を採択して改革を進めたい人の1票よりも現状維持したい人の1票が重く扱われるという点で平等ではないなどの欠点がある。

2 投票のパラドックス

考えの異なる多くの人が集まった社会において、合意形成のルールとして多数決投票を受け入れることはもっともらしいものの、多数決投票にまったく問題がないとはいえない。多数決投票の限界として、フランスの哲学者コンドルセ (M. de Condorcet) が18世紀に示した**投票のパラドックス**がある。次のような多数決投票を考えてみよう。3人の投票者と A, B, C の3つの候補があり、各投票者は次のような選好順序を持つとしよう。

・投票者1は、A, B, C の順に選好する。
・投票者2は、C, A, B の順に選好する。
・投票者3は、B, C, A の順に選好する。

3つの候補を同時に投票にかけてしまうと多数決による社会的な合意が形成できないので(3つの候補に1票ずつ投票される)、2つの候補から投票によって社会的選択をするような場合を考えよう。このとき、多数決投票によってどの選択が実現するだろうか。まず A と B を投票にかけると、投票者1と2は A に投票し、投票者3は B に投票するため、2対1で A が選択される。次に、勝ち残った A と C を投票にかけると、投票者1は A に、投票者2と3は C に投票するため、2対1で C が選択される。2回にわたる投票の結果、B よりも A が選択され、A よりも C が選択されるので、社会

的な合意として C, A, B の順に選好順序が決まるように思える。

ところが、念のため C と B を直接投票にかけてみると、投票者1と3が B に投票し、投票者2は C に投票することから、2：1で B が選択されてしまう。しかしながら、先の投票により、B よりも A が選択されることから、結局選好順序は A よりも C、C よりも B、B よりも A……というように堂々巡りとなってしまい、3つの候補を社会全体として順序づけることができない。つまり、社会全体として何が好ましいのかという選好を整合的に導き出すことができないのである。この簡単な例からわかるように、多数決投票においては候補の選択順序が結論に大きな影響を及ぼすこととなる。

また、上の例では、投票者は自らの選好順序の高い候補に投票すると考えられているが、もし投票の順序があらかじめわかっているならば、投票者が戦略的な行動をとる可能性がある。たとえば、先の例と同様、1回目の投票で A と B、2回目の投票で A と B のうち勝ち残った候補と C を投票にかける場合を考えてみよう。このような状況において、投票者1は、正直に選好順序に従って投票してしまうと最終的に C が選択され、最も好ましくない候補が選ばれてしまうことを知っている。このとき、投票者1は最悪の結果を避けるため、1回目の投票であえて B に投票するかもしれない。そうすれば2回目の投票は B と C の選択となり、多数決投票の結果 B が選択されるからである。

また別の可能性として、投票者間で票の取引が行われるかもしれない。次のような具体例を考えてみよう。3人の投票者がおり、投票者1が「高速道路をつくること」を提案し、投票者2が「空港をつくること」を提案したとしよう。候補者1は高速道路がつくられることによって大きな便益を得るが、候補者2と3は建設費用に伴う増税で苦しむとしよう。一方、候補者2は空港がつくられることによって大きな便益を得るが、空港建設は候補者1と3を増税と騒音によって苦しめる。この様子は表7-1に示されている。

このような状況において、多数決投票はどのような結果をもたらすだろうか。まず、高速道路をつくるかどうかについて多数決投票を行うと、候補者

表 7-1　票の取引と多数決投票

	高速道路の建設	空港の建設	高速道路と空港の両方の建設
候補者 1	+20	−5	+15
候補者 2	−5	+20	+15
候補者 3	−10	−10	−20
合　計	+5	+5	+10

1 は賛成するが、候補者 2 と 3 が反対するため高速道路はつくられないこととなる。また、空港をつくるかどうかについても候補者 1 と 3 の反対にあうため、候補者 2 の提案は実行されない。しかしながら、もし候補者 1 と 2 が共謀し、お互いに相手の提案に賛成するという約束が交わされると、多数決投票によって 2 つの提案は両方とも実行されることとなる。そしてこの約束は、候補者 3 に大きな損失をもたらすこととなる。

3　アローの一般不可能性定理

「投票のパラドックス」は、多数決投票による社会的合意の形成に大きな疑問を投げかけるものである。この疑問を一般化し、民主主義に要求される基本的な性質を満たしつつ、人々の選好を集計して社会的な合意を形成することが不可能であるということを厳密な形で証明したのが**アローの一般不可能性定理**である。このアロー（K. J. Arrow）の業績は、社会が民主的なルールに従って首尾一貫した選択を行うことができないということを示した点で、衝撃的なものとなった。この定理を数学的に証明することは本書の範囲を超えているため、ここでは彼の主張を概観することを目的としよう。

まず、人々の選好順序やそれらを集計して得られる社会全体の選好順序は、次の 2 つ性質を満たすという意味で整合的でなければならない。第 1 に、x と y という 2 つの選択肢が与えられたときに、x が y より好ましいか、y が x より好ましいか、もしくは同等であるという判断ができること（これを**合理性**という）、そして第 2 に、もし x が y より好ましく、y が z より好ま

しいならば、x は z より好ましいという判断が成り立つこと（これを**推移性**という）である。これらの性質は、人々が首尾一貫した整合的な判断ができること、そして人々の選好順序を集計した社会全体の選好順序もまた整合的であることを要求している。

ところで、民主主義とは何だろうか。民主主義に関する統一された定義は政治学においても確立されておらず、またアローも明確な定義を提示したわけではない。しかし彼は、少なくとも民主主義が満たしていなければならないと誰もが納得するような条件を提示した。

（1） 広　範　性

人々の選好順序がどのようなものであっても、それに基づいて社会全体の選好順序が形成されなければならない。

広範性は、（整合的な判断をする限り）個人がどのような価値観を持っていてもよいという条件で、民主主義において当然認められるものである。

（2） パレート性

すべての人がある状態を別の状態よりもよいと判断しているときには、社会全体の選好順序も前者を後者よりもよいと判断していなければならない。

パレート性は、第 2 章 2 節で説明したパレート最適性を継承する条件で、すべての人が好ましいと判断するならばその方向に社会が向かうことも民主主義として当然のことといえる。

（3） 独立性（情報的効率性）

任意の 2 つの選択肢に対する社会全体の選好順序は、人々がその 2 つの選択肢に対してどのような選好順序を持っているかによってのみ決定され、他の要因の影響を受けない。

独立性は、アローが提示した条件の中でも議論の多い条件である。民主的である以上、2 つの選択肢に対して社会全体の選好順序を決定するためには人々の選好順序が反映されていなければならない。しかし、2 つの選択肢の選好順序を社会的に形成するために、人々がその他の多くの無関係な選択肢を考慮するといった煩雑な作業をする必要はない。この点において、独立性

は、合意形成に必要な情報コストの節約を保証する条件といえる。アローもまた、この点において独立性を正当化している。

（4） 非 独 裁 性

独裁者の存在を許してはならない。

社会全体の選好順序がある特定の1人の選好順序に一致するとき、その人を独裁者という。非独裁性が民主主義において満たされなければならないことは議論の余地がないであろう。

アローの一般不可能性定理：2人以上の人々から成り立つ社会が3つ以上の選択肢について社会的意思決定を行うとき、広範性、パレート性、独立性、非独裁性をすべて満たす社会的選択ルールは存在しない。

アローのこの定理は、広範性、パレート性、独立性を満たす社会的選択ルールは独裁制しかないと説明されることもある。このことから、彼の定理は、望ましい社会的選択ルールを追求していた多くの研究者に衝撃を与えると同時に、一連の議論に一つの結論をもたらした。彼はこの定理により、アメリカ経済学会から40歳以下の最も優れた経済学者に贈られるジョン・ベーツ・クラーク・メダルを受賞し、1972年にはノーベル経済学賞を受賞した。

アローの一般不可能性定理は、多様な価値観を持つ個々人の選好を社会的に集計することの困難さを示している。

4　中位投票者定理

本項では、投票のパラドックスが生じない状況を想定したうえで、投票を通じてどのような意思決定が選択されるかをみてみることで、投票のパラドックスがどのような状況で発生するかを明らかにしよう。多数決投票における投票者の行動を分析したものとして、アローよりも先に提示された、ボーエンとブラック（H. Bowen and D. Black）の**中位投票者定理**がある。次のような状況を考えよう。

図中注記: AからEまでの5つの選択肢のうち、任意の2つの選択肢について投票を行うと中位投票者の最適水準Cが選択される。

図7-2　中位投票者定理

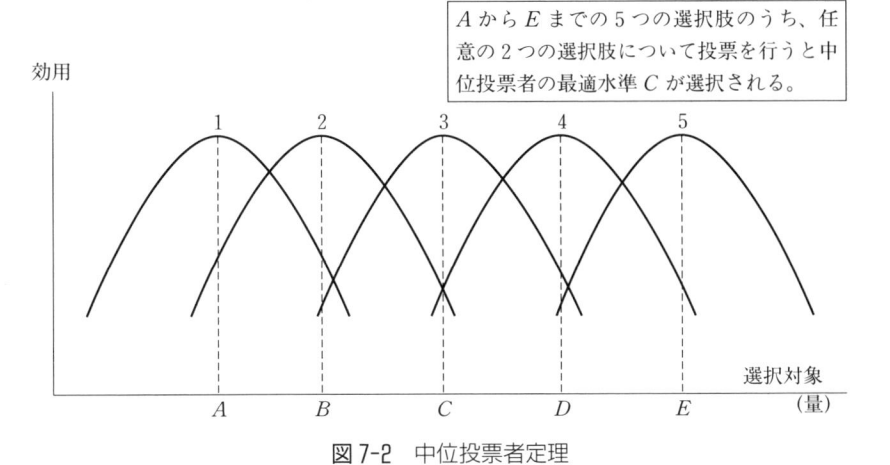

①ある一つの財・サービスについてその水準を投票により決定する。
②それぞれの投票者は財・サービスに関する最適水準を持っており、その水準から離れるほど効用は低くなる。

①は、選択の対象が一次元の数直線上に並べられることを意味している。②は、選好に関する**単峰性**と呼ばれる仮定である。各投票者の選好の様子は、図7-2に描かれている。

今、1から5までの5人の投票者がいる場合のそれぞれの最適水準がAからEで表されている。効用の変化についてみてみると、たとえば投票者2の効用は、最適水準Bから離れるほど小さくなっている。

このような状況でAとBについて多数決投票を行うと、投票者1はAに投票し、投票者2から5はBに投票するため、Bが選択される。同様にDとEについて多数決を行うと、投票者1から4はDに投票し、投票者5はEに投票するため、Dが選択される。またBとCについて多数決投票を行うと、投票は1と2はBに、投票者3から5はCに投票するため、Cが選択される。CとDの多数決投票では、投票者1から3がCに、投票者4と5がDに投票することから、Cが選択される。

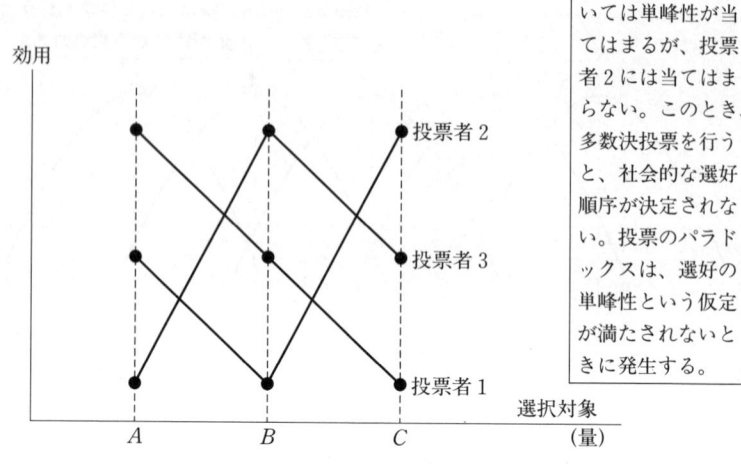

図7-3　投票のパラドックス

（図中の注記）投票者1と3については単峰性が当てはまるが、投票者2には当てはまらない。このとき、多数決投票を行うと、社会的な選好順序が決定されない。投票のパラドックスは、選好の単峰性という仮定が満たされないときに発生する。

　結局、社会的選択は中位投票者である投票者3の最適水準に一致する。ここで中位投票者とは、全投票者について各投票者の最適点を小さい方から順に並べたときの中位数となる投票者である。このように、投票のパラドックスが発生しない場合には、多数決投票を通じた社会的選択は、中位投票者の選好に一致する。

　単峰性の仮定は、投票のパラドックスを発生させないための重要な仮定である。2節であげた例を再びとりあげてみよう。3人の投票者の選好をグラフに表すと、図7-3のようになる。投票者1と3については単峰性の仮定が満たされるが、投票者2の選好は単峰性を満たさない。投票者2の選好が単峰性を満たすならば、投票のパラドックスは発生しない。ただし、投票者の選好に関して単峰性の仮定をおくことは、アローの提示した広範性を排除することとなる。

　アローの一般不可能性定理は、社会的選択ルール形成の無意味さを提示したと考えるのが妥当だろうか。アローの一般不可能性定理は、個々人の選好に関してその順序のみを考慮し、選択に対する選好の強さが考慮されていな

いことや、選好の個々人間での比較（社会的選択によりある人が獲得する利益が別の人が被る損失よりも大きいなど）が行われていないなどの問題点も指摘されている。彼が示した定理は、私たちが社会的選択ルールを形成するための前提条件を示しており、私たちに条件の取捨選択を迫っているものと解釈することができる。

3 政党政治：政党間競争モデル

1 直接民主主義と間接民主主義

前節では、投票者が選択肢（議案）に対して直接投票することで社会的な合意を形成する状況を考えた。その意味で、前節は**直接民主主義**に相当する。多数決投票による直接民主主義の代表例としては住民投票があげられるが、他にも都道府県知事選挙や市町村長選挙は、得票数の最も多い候補者が選ばれることから広い意味での直接民主主義といえる。

これに対し、投票を通じてまず代表者を選出し、代表者（議員）が議会を形成して選択肢（議案）について投票を行うことで社会的な合意を形成する**間接民主主義**（議会制民主主義）が存在する。間接民主主義の例としては、衆議院選挙や参議院選挙による国会議員の選出や、都道府県議会議員選挙、市町村議会議員選挙がある。

公共選択論では、間接民主主義に関して主に次の3つの問題を分析する。第1に、代表者や政党が選挙期間中や在職期間中にどのような行動をとるのか。第2に、有権者が代表者を選出するためにどのような行動をとるのか。そして第3に、間接民主主義にはどのような特徴があるのか、である。

まず、間接民主主義の仕組みを概観しておこう。図7-4のように表される。

間接民主主義においては、有権者（投票者）は投票によって議員（代表者）を選出する。選出された議員は政党を形成し、議会を通じて法律を制定する。また、議会で過半数の議席を占める（単独あるいは複数の）政党は与党となり、内閣を形成する。内閣は官僚の補佐を受けて行政を執行する。さらに、

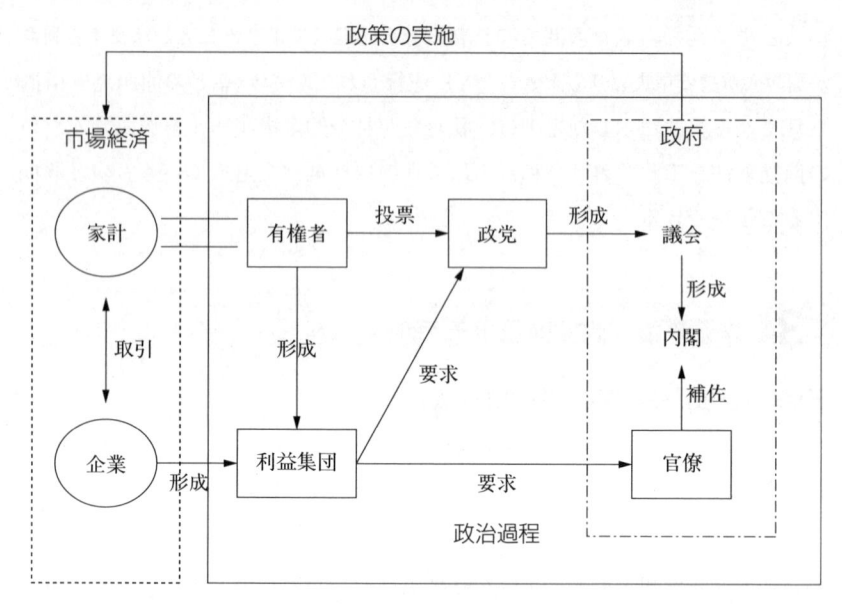

図 7-4　政治過程

出所：岸本（1998）。

有権者や企業は利益集団を形成し、自らの利益になる政策が実行されるように政党や官僚に要求を行う。以上が政治過程の仕組みとなるが、議員、議会、内閣についてはいずれも政党を中心とした行動をとることが多いため、政治主体とはされない。なお、第1節で述べたように、有権者だけでなく、政党、利益集団、官僚はそれぞれ自らの利益を最大化するような合理的な存在と仮定される。このうち、利益集団と官僚については次の第8章でとりあげることとする。

2　ダウンズの二大政党モデル

間接民主主義の政治過程に対する研究の出発点となったのはダウンズ（A. Downs）の二大政党モデルである。このモデルは、中位投票者定理で想定した状況を間接民主主義に応用したものと考えることができる。まず、政党の掲げる政策は一次元の数直線上に表すことができ、投票者の効用は単峰性を

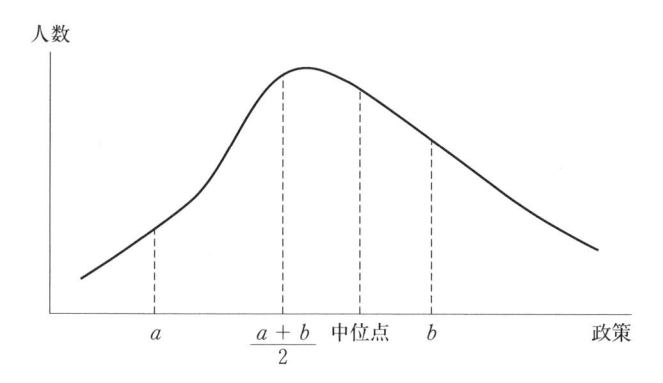

図7-5 その政策が最も望ましいと考えている有権者数の分布(1)

満たすものとする。また、各有権者は、自らの最適点に最も近い政策を掲げる政党に投票し、棄権はしないと仮定しよう。

一方、政党に関する行動はどのように想定すればよいだろうか。ダウンズは、「政党は政策を立案するために選挙に勝つのではなく、選挙に勝つために政策を立案する」と主張し、政党は過半数の得票を得て政権を獲得するためにあらゆる可能な政策を採用するとした。

このような状況で、政党はどのような行動をとり、結果として有権者はどのような政策を受け入れることとなるのだろうか。

今、投票者の最適点の分布が図7-5のように与えられているとする。今、A, Bという二大政党がそれぞれ政策 a と政策 b を公約として掲げているとしよう。有権者は、自らの最適点に最も近い政策を掲げた政党に投票するので、まず、政策 a よりも左側に最適点を持つ有権者は政党Aに投票し、政策 b よりも右側に最適点を持つ有権者は政党Bに投票することは明らかである。次に、最適点が政策 a と政策 b の間にある有権者の行動はどのようになるだろうか。有権者は自らの最適点に近い方の政策を掲げる政党に投票するため、政策 a と政策 b の中点、$\frac{a+b}{2}$ を境に投票者の支持する政党

は分かれる。結局、$\frac{a+b}{2}$ よりも左側に最適点を持つ有権者は政党 A に投票し、右側に最適点を持つ有権者は政党 B に投票することとなる。結果として、図 7-5 のケースでは、政党 B が政権を獲得する。これは、中点 $\frac{a+b}{2}$ が中位投票者の最適点よりも左にきていることから確認できる。

　しかしながら、政党 A はこの状況に甘んじるだろうか。政党が政権を獲得するためにあらゆる可能な政策を採用するのであるならば、政党 A は政策を右に移動させることで、より多くの票を獲得することができる。具体的にいえば、$\frac{a+b}{2}$ が中位点の右側に移動するまで政策 a を右に移動させることで政権を獲得することが可能となる。これに対し政党 B も政策を左に移動させることで対抗することとなる。結局、2 つの政党の政策は、中位点、つまり中位投票者の最適点に収束していくこととなるのである。

　以上の分析から、単純な二大政党制における社会的選択は、中位投票者の選好に一致することがわかる。つまり、中位投票者定理は間接民主主義においても成立するのである。実際、政党の掲げる公約に大きな違いがない場合も多いが、これは、より多くの票を獲得するための政党の戦略と考えられる。

　一方で、この結論に疑問を抱く人も多いかもしれない。上にあげたモデルにはいくつかの留意すべき点がある。まず、上の結論は有権者の分布が単峰性を満たしていなくても成り立つが、有権者の選好自体は単峰性を満たしていなければならない。また、有権者の行動として見過ごすことができない棄権という行動が捨象されている。

　有権者の棄権行動を認めると、二大政党の政策が収束するという結論をより現実的なものへと近づけることができる。支持政党の掲げる政策が、自分にとっての最適な政策とあまりにかけ離れると、有権者は疎外感を感じるかもしれない。また、たとえ支持政党の政策が実行されたとしても自分が得る利益は小さいものとなり、投票することの機会費用を考えれば割に合わないと思うかもしれない。

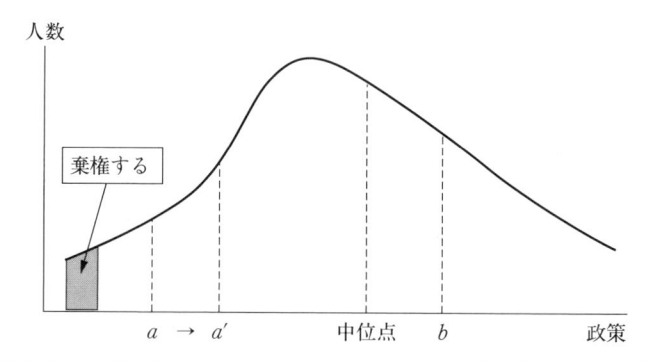

図 7-6 その政策が最も望ましいと考えている有権者数の分布（２）

図 7-6 には、有権者の棄権行動を考慮した場合の政党の行動が描かれている。今、政党 A がより多くの票を獲得するために、現状の政策 a から、より右側の政策 a' へと政策変更するとしよう。この政策変更に対し、政策が自らの最適点から離れすぎたと感じる有権者は棄権するかもしれない。このとき、政党 A は、政策を右へと変更することで新たに得られる得票数が、棄権によって失う票の数より少なくなってしまうと、政策を変更することは合理的ではなくなる。このように、有権者が棄権する可能性を考慮すると、両政党の政策は中位点へと収束せず、二大政党が異なった政策を掲げる場合がある。

--- 練習問題 ---

1 次の記述について正誤を判断せよ。
　①ダウンズの投票行動の研究では、有権者は自らの効用を最大化することを目的とするのではなく、何らかの理念や理想を求めて行動し、政党もまた理念や理想を求めることが前提とされている。
　②ブキャナンとタロックの研究では、意思決定費用と外部費用の合計の費用が最も小さくなる人数の合意によって社会的合意が形成される可能性を、効率性の観点から示した。

2 アローの一般不可能性定理を簡単に説明せよ。

3 次の表に示される例を考えよう。これは、表7-1にいく分の修正を加えたものである。今、2つ政党（政党1と政党2）が、「高速道路をつくること」、「空港をつくること」、「ダムをつくること」という3つの政策をめぐって選挙で争っているとしよう。間接民主主義においても投票のパラドックスと同じように選好順序の循環が発生する可能性があることを示せ。

	高速道路の建設	空港の建設	ダムの建設
投票者1	+20	−5	−10
投票者2	−10	+20	−5
投票者3	−5	−10	+20
合計	+5	+5	+5

4 二大政党モデルにおいて、有権者数の分布が下の図のように複峰でかつ対称的な分布となっているとしよう。このとき、棄権の可能性を考えると2つの政党の政策が中位点に収束しない可能性があることを示せ。

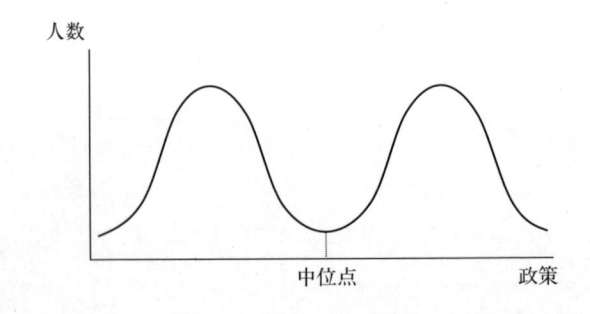

第8章

政府の失敗

1 市場の失敗と政府の失敗

これまで、市場の失敗が発生する状況をとりあげ、それに対する政府によるさまざまな解決策を示してきた。また政府は、市場経済の結果として発生する所得の不平等を解決するための所得再分配政策を行っている。1930年代の世界恐慌をきっかけに、自由放任主義に基づく「小さい政府」は、裁量的な政策を重視する「大きい政府」へと姿を変え、公的部門は拡大し続けている。しかしながら、実際、政府は市場経済に比べて信頼するに十分な存在だろうか。**政府の失敗**を引き起こす原因として、次のような点があげられる。

(1) 不完全情報

市場経済がうまく機能しているときには、価格が効率性を実現するために必要な情報を伝達してくれる。市場の失敗に対して政府が介入することが正当化される背景には、政府が価格に代わって必要な情報をすべて持っているということが前提となっている。たとえば、政府が公的なサービスを供給したり、外部性をめぐる公共政策を通じて何らかの規制を行ったりするとき、適切な政策を行うためには、消費者の選好や財・サービスに対する評価、企業の技術条件や費用構造など、必要な情報が政府の下に正確に集積されていなければならない。

しかしながら、政府が必要な情報をすべて持つことは不可能であり、もし可能であったとしても情報の収集には莫大な費用がかかる。政府が公的なサービスの供給に伴う費用を熟知していなければ費用最小化をはかることはできないし、消費者の選好を正確に把握していなければ公的なサービスの最適供給を行う基準を持たないこととなる。

（2） インセンティブ（誘因）

政府の行う政策は、時に予想外の影響を社会に与える。老人保険医療制度の充実は医療支出の急増と保険制度の破綻の危機をもたらし、所得を再分配するための過度の累進所得税は、労働者の勤労意欲を損なうかもしれない。あるいは、シートベルトの義務化は歩行者の死亡者数を増加させるといった影響をもたらす。これらの問題は、政府の実行する政策に対して人々がどのように反応し、それが社会に及ぼす影響を政府が正確に予測できないことが原因となっている。

（3） 公共選択の需要要因：利益集団

政府はどこまで市場に介入するべきだろうか。政府の規模はどのように決定されるだろうか。「ゆりかごから墓場まで」面倒をみてくれる福祉国家を選択するか、治安維持、外交といった最低限の役割のみを果たす夜警国家を選択するか、その選択権は有権者に与えられている。

第7章では、直接民主主義や間接民主主義の下で社会がどのように合意を形成するかを分析し、社会的選択ルールを実現することの困難さをみてきた。有権者（投票者）は、投票による意思表示の他にも、自らの利益になるように利益集団を形成して直接政府に要求することができる。同じように、企業もまた**利益集団**を形成して政府にはたらきかける。利益集団は、自分たちの既得権益を守るためや自分たちに有利な政策を実行させるため、政党に組織票や政治資金を提供したり、官僚に天下り先を用意したりするといった行動をとる。

利益集団の行動が政府の規模や政策に大きな影響をもたらす場合には、政府の実行する政策は厚生（総余剰）を最大化するためよりも、特定の利益集

団に利益をもたらすような方向に歪むかもしれない。政治過程における利益集団の行動とその影響については、2節で分析する。

（4） 公共選択の供給要因：官僚制度

国会で成立した法案は内閣によって執行されるが、内閣を補佐する官僚の役割は大きい。官僚については、官官接待や天下りの問題などの批判も多く、与えられた予算・権限の下で内閣に従って忠実に職務を遂行する公正・無私な専門家集団という印象を持つ人は多くないかもしれない。実際、内閣から提出される法案のほとんどは官僚の手助けなしには作成できないし、実務レベルにおける官僚の自由裁量の度合いは小さくない。また、予算折衝については財務省を中心に省庁間で交渉が行われるし、大臣が官僚の人事に口を出すことはほとんどない。

公共選択論では、これまで何度か触れてきたように、官僚についても合理的で利己的な政治主体であるという想定をおく。政治過程における官僚の行動とその影響については、3節で分析する。

2 利益集団とレントシーキング

1 利益集団と集合行為論

現在、日本には日本経団連などの経済団体や日本医師会などの専門家団体をはじめ、労働団体、農業団体などさまざまな利益集団が存在している。一般に、なぜ彼らは集団を形成するのだろうか。彼らが利益の獲得に成功しているのに対し、数の上で十分まさっている消費者やサラリーマンが利益集団を形成しても十分な利益を獲得できないのはなぜだろうか。

利益集団に関する集合行為について体系的に考察したオルソン（M. Olson）によれば、共通利益を有する集団と定義される利益集団には次のような特徴がある。第1に、大規模集団になるほど利益集団を形成しにくい。なぜなら、集団が大きくなればなるほど獲得した利益に対する1人当たりの分け前が小さくなるからである。構成員はその集団への費用の負担（貢献）

に見合うだけの利益を受け取ることができず、したがって費用の負担（貢献）をせず、結局、その集団は十分な利益を獲得することができないからである。

第2に、大きな集団においては、集団に属することによって構成員が共通して得られる利益よりも、費用を負担しない構成員への処罰や、貢献をした構成員への報酬といった選択的誘因こそが重要となる。

オルソンの考察から、消費者やサラリーマンのように潜在的大集団の場合、利益が広範に分散されてしまい、またそれぞれが集団へ貢献する誘因を持たないために利益集団が形成されにくいことがわかる。一方、自分の貢献が集団全体の利益の大きさに無視できないほどの影響を及ぼすような利益集団では、集団にもたらされる利益の配分が重要となる。

彼の主張は、利益集団を肯定的に評価してきた従来の多元論者に対する批判となっている。多元論者によれば、有権者や企業のさまざまな選好を反映した多数の利益集団が互いに競争することによって調整がはたらき、有権者に関する詳しい選好を政治過程に反映させることができる。つまり、利益集団に対して間接民主主義を補完するという積極的な役割を期待している。

しかし、オルソンが指摘するように、利益集団を形成することが困難な大規模集団や選択的誘因を持たない集団、構成員としての費用負担に応じられない低所得者層などは投票という方法以外には選好を意思表示する方法を持たない。したがって、利益集団同士の十分な競争がはたらかず、一部の利益集団の意向のみが政治過程に反映されてしまう。

2　レントシーキングの理論

もともと**レント**とは、地主に支払われる地代を意味する。土地や免許など、その供給量が制限されている財・サービスについては、企業の参入がその希少性によって制限されているために競争メカニズムがはたらかず、供給者には超過利潤が発生する。この超過利潤のことを一般にレントといい、このレントの獲得をめざして政治過程にはたらきかけることを**レントシーキング**と

いう。とくに、政府による規制など何らかの参入障壁の存在によって独占企業にもたらされるレントを**独占レント**という。

ここで、簡単に独占レントをみてみよう。図8-1には、独占市場が描かれている。ここでは簡単化のために供給曲線は水平に描かれている。もし財が競争的に供給されれば、価格は競争価格 P_c となり、△AP_cE の消費者余剰が発生し、生産者余剰はゼロとなる。これに対し、財が独占的に供給される場合、価格は独占価格 P_m と設定される結果、消費者余剰は △AP_mB に減少してしまう。一方で、独占企業には □P_mP_cCB の独占レントが発生する。また、経済には △BCE の厚生損失が発生する。

図からわかるように、独占レントは消費者から独占企業への所得の再分配と考えることができる。この市場に何ら参入障壁がなければ、新規参入が発生することで、独占レントは消滅してしまう。もし、その参入障壁が政府による規制によるものであれば、独占企業は独占レントを維持するために政府にはたらきかける誘因を持つこととなる。

ただ、独占レントを維持するためのはたらきかけそのものは非効率性をもたらすものではない。たとえば独占レントを維持するために政党への献金が行われるとすれば、それは独占企業から政党へのさらなる所得再分配にすぎ

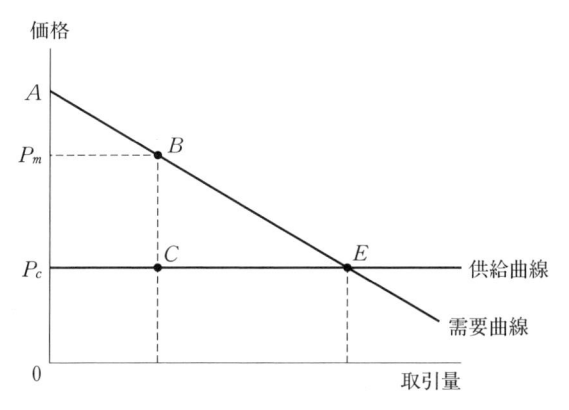

図8-1 独占レントと厚生損失

ず、新たなる厚生損失は発生させない。経済に非効率性をもたらすのは、独占レントを得るために潜在的企業が行うレントシーキングである。

ブキャナン (J. M. Buchanan) のあげた歴史的実例をみてみよう。あるご機嫌取りの起業家が女王にとり入って、王室お墨付きのトランプカードを王国中で独占的に供給する許可を得たとしよう。この許可により起業家は独占レントを獲得する。このニュースは、そのカードを自分の手で売りたいと思っている他の企業に知れわたるだろう。しかし、王室のお墨付きの独占という特権によって他の企業はカードを売ることはできない。

彼ら潜在的企業はただ黙ってみているだろうか。労力、時間などの資源を費やし、あらゆる手段を行使して女王のお墨付きを自分の方へ移してもらおうと画策するだろう。扇動、お世辞、説得、おべっか、……これらはレントシーキングとして特徴づけられるだろう。一連のレントシーキングの過程で費やされる資源は、もし生産に向けられていたら何らかの価値を生み出していただろう希少な資源である。しかしながら、レントシーキングは何ら価値を生み出さず、経済に非効率性をもたらすこととなる。

女王から与えられる特権は別にして、政府による規制が正当化されるケースとして、第5章でとりあげた自然独占がある。平均費用が逓減する領域で生産を行う産業が自然独占と呼ばれるのは、一企業の生産がその産業に必要とされるすべての生産をまかなってしまうからである。政府は、自然独占となっている企業が独占レントを享受し、厚生損失を発生させることを考慮してさまざまな形で規制を行う。その結果、自然独占を享受する企業が独占レントを獲得することとなる。この際、誰がその独占レントを享受するかをめぐるレントシーキングは経済に新たな非効率をもたらすこととなるだろう。

3 規制とレントシーキング

企業が利益集団を形成して政府に規制をはたらきかけるのに対し、消費者が利益集団を形成するのは難しい。では、消費者にはどのような対抗手段があるのだろうか。ペルツマン (S. Peltzman) は、政府と利益集団の関係に加

えて、消費者を考慮することで、消費者の行動が規制に影響を与える可能性を示唆している。彼のモデルでは、規制は、得票数最大化行動をとる政府によって価格規制という形で課される。企業は利益集団を形成し、票のとりまとめを行うことで政府により高い価格規制をはたらきかける。これに対し、政府の課す価格規制が高くなるほど、消費者からの支持は失われ、得票数は減少する。この様子は、図 8-2 に描かれている。

今、簡単化のために、独占企業が利益集団を形成していると考えよう。利益集団にとっての価格と利潤の関係は利潤曲線に描かれている。利潤最大化行動をとる場合の価格である独占価格 P_m を最大値に、価格が独占価格から離れるほど利潤は小さくなる。とりわけ、競争価格 P_c や需要が消滅してしまうほど高い価格がつけられる場合は、企業の利潤はゼロとなる。この関係が図 8-1 に対応していることは容易にみてとれるだろう。図 8-2 の点 A は、図 8-1 の点 A に対応している。

一方、政府の行動は無差別曲線によって表されている。高い価格規制を課すことによって利益集団から得られる票は消費者から失う票によって相殺されるため、無差別曲線は右上がりとなる。この図からみてとれるように、独占価格 P_m を課すことは政府にとって最も好ましいとはいえない。なぜなら、

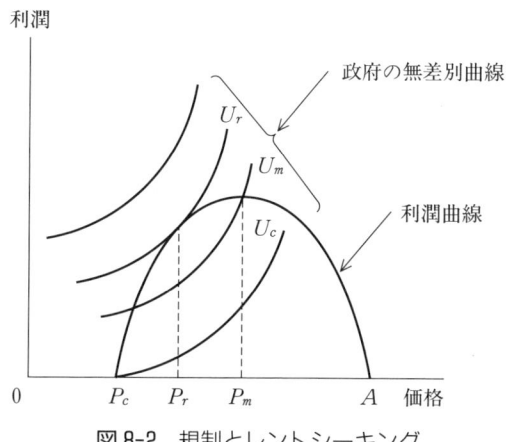

図 8-2 規制とレントシーキング

独占価格 P_m を課すことで利益集団から得られる票数よりも、消費者から失う票数の方が多いからである。

　政府は、より高い価格規制を課すことで利益集団から限界的に得られる得票数と、消費者から失ってしまう限界的な得票数が一致する水準で価格規制を行うこととなる。つまり、無差別曲線と利潤曲線が接する水準 P_r で価格規制が行われることとなる。このように、政府が消費者の投票行動を考慮する場合には、利益集団の要求が完全に受け入れられるわけではない。

　ペルツマンの分析は、規制に関する重要な示唆を与えてくれる。それは、「寡占産業よりもむしろ、もともと独占的な産業かもともと競争的な産業こそ規制をかけることが政治的に魅力となる」ことである。一般に、寡占企業の価格水準は競争価格 P_c と独占価格 P_m の間に決まる。したがって政府がさらに規制をかけることで追加的に得られる利益（票）はそれほど多くない。これに対し、たとえばもともと競争価格 P_c が成立しているような競争的な産業に対し規制を課すと、規制によるレントが発生し、政府は利益集団から多くの票を獲得することができる。

　このことは、図8-2における無差別曲線の U_c から U_r への移動によって表される。彼の分析は、なぜ農業やトラック業界、タクシー業界のように一見競争的にみえる産業に対して規制が課されるのかを理解する手助けとなる。同様に、独占的な産業についてなぜ中途半端な規制緩和しかなされないのかについても議論することができる。

4　貿易政策とレントシーキング

　自由貿易に対する信奉は、経済学者の間に強く根付いている。実際、保護貿易が大きな要因となり勃発した第二次世界大戦に対する反省の下、1948年にGATT（関税および貿易に関する一般協定）が発足し、世界の自由貿易体制の維持・強化に向けて中心的な役割を担ってきた。1995年にはGATTを発展させる形でWTO（世界貿易機関）が発足し、体制がさらに強化されている。また、WTOで処理できない関係各国間の個別の貿易問題について

は、RTA（地域貿易協定）が締結されることで域内の自由貿易が促進され、WTOを補完する役割を担っている。

しかしながら一方では、関税や数量割当、非関税障壁など貿易に関する規制は根強く残っており、貿易政策は常に重要な政治課題となっている。これは、自由貿易が経済にもたらすものが経済学者にとって明らかなのと同様、貿易政策によって発生するレントや所得の再分配が利益集団にもたらすものが明らかだからである。図8-3でこのことをみてみよう。

図8-3には、ある財に関する輸入の状況と国内の需給関係がそれぞれ描かれている。上の図のS_Mは海外からの供給曲線（輸入）を表し、下の図のS_Dは国内の供給曲線を表している。両者を集計したS_Tは、国内におけるこの財の総供給曲線となっている。また、Dは国内の需要曲線を表している。もし自由貿易が行われるならば、経済はS_TとDの交点Eで均衡し、価格、取引量はそれぞれP_f, X_fとなる。取引量X_fのうちD_fが国内企業によって供給され、残りのM_fは輸入される。

関税が課されると状況はどのように変化するだろうか。関税の導入により海外からの供給曲線（輸入）がS_M'にシフトしたとしよう。すると、国内の総供給曲線はS_T'にシフトする。その結果、均衡は点Fとなり、価格はP_rに上昇し、取引量はX_rに減少することとなる。取引量は国内の供給分がD_rに増加するのに対し、海外からの輸入はM_rに減少する。

関税政策は厚生にどのような影響を与えるだろうか。関税による価格の上昇と消費量の減少により、消費者余剰は□P_rP_fEF分だけ減少する。これに対し、企業は、より多くの供給をより高い価格で販売できるため、□P_rP_fHG分のレントを獲得する。さらに政府には□P_rABC分の関税収入がもたらされる。レントはこの財を生産する企業によって形成される利益集団が政府にはたらきかける誘因となり、一方、関税収入は政府が関税を課す誘因となる。

もし数量割当政策がとられた場合はどうだろうか。輸入量をM_rに制限する数量割当が行われると、関税政策が採用された場合と同じだけのレントが

第8章　政府の失敗　161

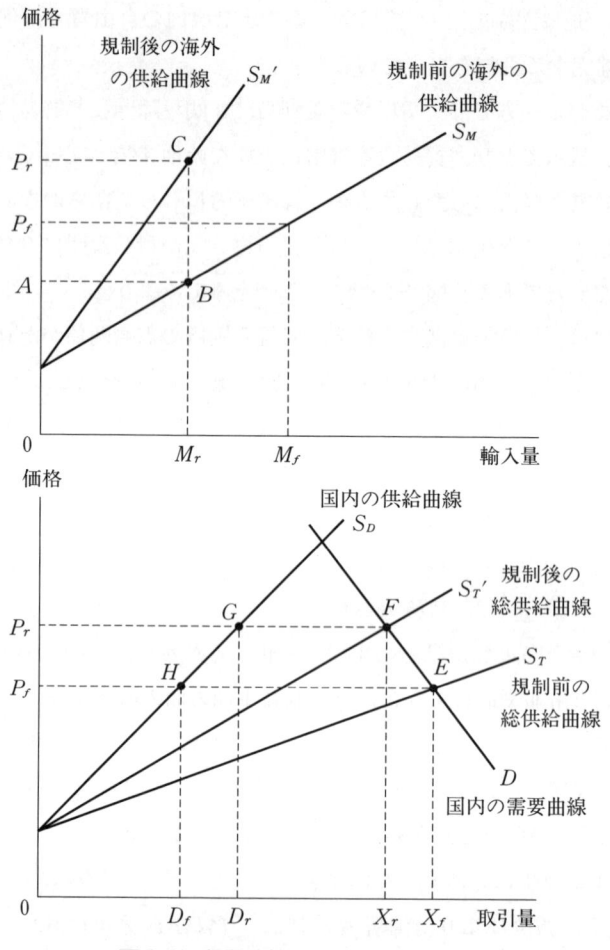

図 8-3 貿易政策とレントシーキング
出所：Mueller (2003)。

発生する一方、政府税収に等しい額が輸入業者に支払われることとなる。この場合には、先ほどの利益集団に加え、輸入業者によって形成される利益集団もまた政府にはたらきかけることとなる。

このように、貿易政策はレントを発生させるため、レントの獲得をめぐって利益集団のレントシーキングが行われる。また、関税政策を採用するか数

量割当政策を採用するかについても、輸入業者と政府税収から何らかの利益を得る人々との間でレントシーキングが発生する。政治家に陳情を行ったり、産業保護の重要性をメディアに訴えるなどの政治的キャンペーンを展開する。

一連のレントシーキングが経済に非効率をもたらすことは明らかである。たとえば、輸入業者になれば1億円の収入があるとしよう。輸入業者の認可を受けたい企業が10社あり、1社当たり1000万円をレントシーキングに費やせば、どの会社が輸入業者を受けようとも、レントは厚生から消滅してしまう。貿易政策自体がもたらす厚生損失に加えて、レントシーキングによる厚生の損失は経済に大きな影響を与える。

5 レントシーキングと規制緩和

この節では、なぜ利益集団が形成されるのか、経済にどういう影響をもたらすのかについて分析してきた。市場で行われる価格競争とは違い、利益集団の間に発生するレントシーキングという競争には、希少な資源を浪費するという否定的な側面がある。もちろん、多元論者が主張するように、立法作業に専門的な情報や助言を与えたり、利益集団の間の競争を通じて有権者の選好を調整したりするなど、利益集団には肯定的な側面も存在することは付記に値するだろう。しかしながら、現在の日本経済の閉塞感を打開するための処方箋として現政権が推進しているように、規制緩和・行政改革は経済を活性化させる要因となる。

レントシーキングに伴う資源の浪費が無視できない規模であるとしても、それを取り除くのは容易ではない。既得権益に固執する利益集団の抵抗を和らげる一つの方法は、既得権益以上の利益を彼らに与えることである。そのためには、特定の限られた産業のレントをなくしてしまうのではなく、多数の産業を幅広く改革しなければならない。ブキャナンが指摘するように、レントシーキングの問題を完全に処理するためには抜本的な改革、所有権の根本的な見直しが必要となる。

日本政府は2001年12月に行政改革大綱を閣議決定した。その重要課題と

して、①特殊法人などの改革、公務員制度の改革、行政評価システムの導入などの行政組織・制度の抜本改革、②地方分権の推進、③規制改革の推進、④行政事務の電子化等電子政府の実現、⑤中央省庁等改革の的確な実施、⑥今後における行政改革推進体制、をあげている。現在のところ、「痛みを伴う改革」の成果はあまりみられないものの、今後のさらなる改革が期待される。

3　官僚行動モデル

1　官僚の役割

　政府が公的なサービスの提供や規制を適切に行う第一歩は、まず消費者や企業、あるいは有権者がどの程度政府の介入を希望しているかをできるだけ正確に把握することである。公共選択論では、こういった選好に関する情報の完全性を仮定することなく、直接民主主義・間接民主主義における投票行動や政党の行動、さらには利益集団による直接的なはたらきかけといった政治過程に焦点をおいていた。

　一方、政府が実際にどのような政策を採用・実施するかもまた政治過程の中で決定される。どのような政策を持つ候補が選挙に当選するかということと、どのような政策が採用・実施されるかということが同じことを意味しているわけではない。選挙によって選ばれた国会議員は国会の場で法律を成立させ、その執行は内閣に委ねられる。一般に、法律には、たとえばどの企業にどの規制を課すといった詳細な項目は記されておらず、実務については内閣を補佐する官僚が受け持つこととなる。先に述べたように、官僚は法律の作成段階から政策に関与していることを考えれば、官僚の役割は大きい。そこで、官僚の行動についての公共選択論の視点からの分析を行おう。

2　官僚の予算規模最大化行動：ニスカネン・モデル

　まず、官僚は何を目的として行動するのだろうか。ニスカネン（W. A.

Niskanen）によれば、官僚は「俸給、職務からの臨時収入、公の評判、権力、後援」などを行動目的としており、これらは予算規模に比例している。この考えに従い、ニスカネンは官僚が**予算規模最大化行動**をとると想定した。ただ、彼自身が指摘しているように、官僚が自らの利益のみを追求しているわけではないということは強調に値する。彼らが公のためと自らが信じる行動をとることも多い。ただ、業績は測定することが難しく、政策目標は複数にわたり、企業のように技術関係が明確ではないため、自らの裁量権を拡大し、不要な危険を避けたいと考えているのである。

　官僚の予算規模最大化行動は図8-4に描かれている。今、ある公的なサービスについて、その供給量と費用、便益の関係がそれぞれ費用曲線 C と便益評価曲線 V で表されている。便益評価曲線は、公的なサービスの供給によって経済にもたらされる便益を金額表示したものである。便益評価から費用を差し引いた純便益と供給量の関係は純便益曲線 B のように上に凸となる。ここでの政府は経済にもたらされる純便益を最大化するように公的なサービスの供給量を決定するものと仮定しよう。

　ここで、官僚は費用に関する情報を独占的に知っているとし、もしその情報を偽ることなく政府に伝えるならば、経済にとって最適な規模の公的サービス供給量 Q^* が実現する。しかしながら、官僚が予算規模の最大化を目的としている場合には、政府に偽りの費用曲線 C' を伝えることで、純便益がマイナスにならない範囲で予算規模を拡大するという行動をとる。その結果、供給量は Q' に決定されてしまい、予算規模が拡大することとなる。

　便益評価曲線は、政府が官僚に対して承認しうる予算の最大額も意味している。予算規模最大化行動は、この予算を使い切ってしまうという結果をもたらす。

　ニスカネン・モデルは、政府による公的なサービスの供給がときおり過剰供給となり、予算（財政赤字）の拡大をもたらす原因として官僚の行動を指摘している。このモデルは、官僚がおかれている状況に関する次の3つの特徴をおり込んでいる。第1に、官僚は公的なサービスの独占的な供給者であ

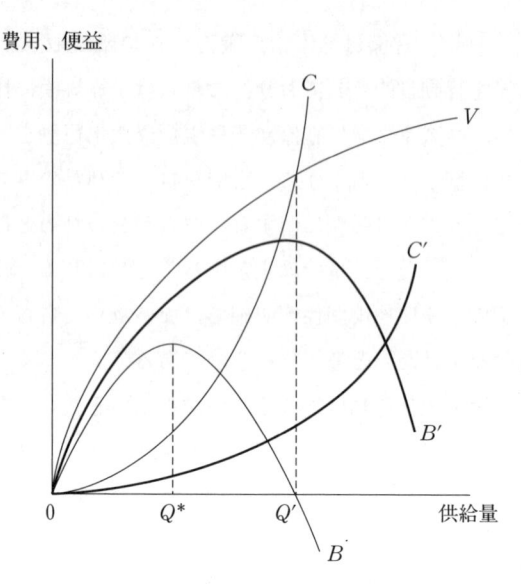

図8-4 ニスカネン・モデル

ること、第2に、公的なサービスの費用構造に関する真の情報を知っている唯一の存在であること、そして第3に、予算案の作成に関して議会より強い立場にあること、である。政治過程において強い影響力を持つとされる日本の官僚制度にも、この3つの特徴はある程度当てはまるだろう。

また、図からわかるように、偽りの費用曲線 C' は真の費用曲線 C の下側に位置する。これは、官僚が公的なサービスの費用を過小評価する傾向があることを示唆している。計画段階では費用を過小に見積もり、いざ施工段階になると計画にはない費用が新たに発生することもまた公的部門にみられる特徴である。

この問題点について、たとえば、公的なサービスの担当省庁に関して競争させることが可能である。関係各省庁が予算の獲得をめぐり省庁間で競争することでモニター機能がはたらき、政府は真の費用情報を得やすくなる。

3 ミグー=ベランジャー・モデル

また、ニスカネンの想定した予算規模最大化行動に対する修正として、ミグーとベランジャー（J. -L. Migue and G. Belanger）は次のように官僚行動を提示した。彼らによれば、官僚が予算の全額を公的なサービスの供給に費やすという前提は現実的ではなく、官僚は（政府が承認しうる最大の）予算と費用の差額である**裁量的財政余剰**を目的に行動する可能性がある。この場合、官僚は、公的なサービスの予算規模と、裁量的財政余剰から得られる効用を最大化するように行動することとなる。

この様子は図8-5に描かれている。この図は、図8-4に描かれている純便益曲線を描き直したものである。純便益とは便益評価と費用との差額であり、便益評価は政府が承認しうる予算の最大額を意味しているため、純便益曲線は裁量的財政余剰曲線と読み替えることができる。

一方、官僚の行動は図中の無差別曲線によって表されている。官僚は、予算規模（したがって公的なサービスの供給量）と裁量的財政余剰の両方に関心がある。このとき、公的なサービスの供給量は、無差別曲線と裁量的財政余剰曲線の接点となる Q'' に決定される。つまり、ニスカネンが主張したほどの公的なサービスの過剰供給および予算の拡大は発生しない。

Q^* の右側では、供給量（および予算規模）を増加させるごとに裁量的財政余剰を犠牲にしなければならない。ニスカネンが提示した予算規模最大化供給量 Q' は、裁量的財政余剰にはまったく興味を示さずひたすら予算規模の拡大をはかるという特殊ケースであることがわかる。ミグーとベランジャーによるニスカネン・モデルの修正に対し、ニスカネン自身も官僚の行動目的として予算よりも裁量的財政余剰の方が適切であると認めている。

モデルが改善されたとはいえ、状況は依然として悲惨である。官僚がこのような行動をとることにより、もはや公的なサービスは効率的に生産されず、裁量的財政余剰の発生に伴う予算の浪費、いわゆるX-非効率性が発生する。

官僚による公的なサービスの供給は、予算規模拡大（および財政赤字）とX-非効率性の間のトレードオフを発生させる。どちらがどの程度発生する

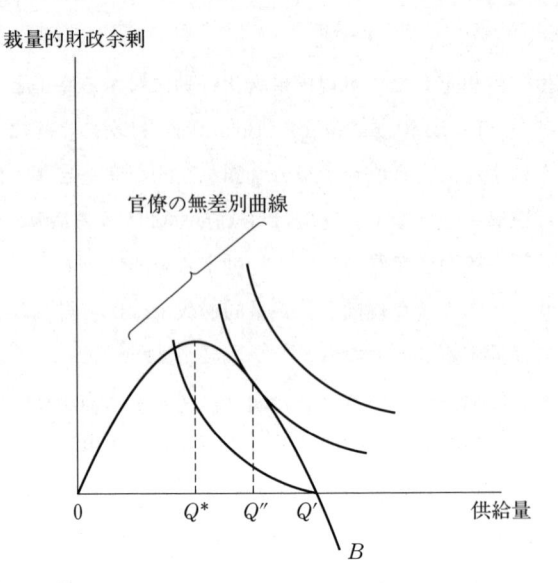

図 8-5　ミグー=ベランジャー・モデル

かは官僚の選好、つまり無差別曲線の形状に依存する。

---練習問題---

1 次の記述について正誤を判断せよ。
　①利益集団の基本的機能は、社会生活の場から表出される種々の利益や問題を体系化し、政策に変換することである。
　②オルソンは、利益集団の構成員が集団からの便益を享受しようとするとき、フリー・ライダーの出現可能性が高いことを示した。
2 政府は「寡占産業よりもむしろ、もともと独占的な産業かもともと競争的な産業にこそ規制をかけることが政治的に魅力的となる」という主張の論拠を述べよ。
3 政府が財政赤字を拡大する要因として官僚行動を考えた2つのモデルを比較せよ。

第9章

地方分権とニュー・パブリック・マネジメント

1 地方分権の経済理論

1 地方分権の必要性

　近年、日本経済は低成長時代に入り、過去の高度成長期を意図して構築された経済システムを現在の環境に対応できるシステムへ移行することが必要とされている。また、社会を構成する人々の価値観も多様化し、日常生活の中に豊かさやゆとり、快適さを求め、居住地域の環境や将来の高齢化社会を視野に入れた生活環境にも関心が高まっている。このような状況の下で、財政を通じて提供される行政サービスや行政サービスを提供する国や地方行政の政策に対して、国民のニーズがより反映され、効率的な財政運営を可能にする変革も求められている。とくに今までの東京一極集中や中央集権による弊害を是正するために、地方へ権限や財源を委譲して、各地域の行政サービスが効率的に供給されるようにすることも重要になってきている。さらに、日常生活圏や企業活動の範囲がますます拡大し、地域相互の依存関係も強まっている。そのため、地方行政も画一的な行政単位での地域政策だけでは十分に対応することができない場合も存在している。こうした社会要請に応えるものとして、地方分権の推進があげられ、市町村合併といった地方行政の基本となる枠組みを大きく変える変革も進んでいる。さらに広域行政の推進

のように各地域が連携して行政サービスに取り組むようになってきている。

2 地方分権的経済と地方公共財

地方政府で供給される**地方公共財**は、中央政府が行っている公共財供給の資源配分メカニズムとまったく同じように適用することができない。それはすべての地方政府が均一的な公共財を供給するのではないため、人々は居住する地域を選ぶことによって自己の効用をより高める公共財を選択することができるからである。

また、地方公共財の供給は中央政府の公共財のように独自に供給するのではなく、中央政府が規制などによって関与する場合も数多くみられる。たとえば、すべての地域にある一定の水準の地方公共財を一律に供給した場合、ある地域住民はその地方公共財を高く評価し、またその他の地域住民はそれを低く評価する。さらに、地方公共財の水準を変えて、どちらの地域にも中程度の評価を与えるように供給することもある。その場合はどちらの地域住民も不満を持つ。地域住民が高く評価する地方公共財ならばその地域には多く、そして地域住民が低く評価する地方公共財はその地域には少なく供給するよう、地域に見合う供給方法が必要になる。つまり、地方分権の推進によって地方政府が自ら地方公共財の供給を行う方が望ましいことになる。

これを図9-1を用いて説明してみよう。$E_a E_a'$ と $E_b E_b'$ は地域 a と地域 b の地域公共財の限界便益曲線である。$0G$ は各地域で共通の限界費用とする。中央政府が地方公共財の供給量の水準を Q_e にするように維持すると地域 a と地域 b の限界費用と限界便益が一致しなくなる。地域 a において限界費用と限界便益が一致する点 A のもとでの地方公共財供給量は $0Q_r$ であり、地域 b において限界費用と限界便益が一致する点 C の下での地方公共財供給量は $0Q_r'$ である。これらと $0Q_e$ の生産量を比較すると地域 a は △AFD、地域 b は △BCD において超過負担が生まれる。したがって、地域間で地方公共財の評価が異なる場合は一律な地方公共財の供給ではうまくいかないことになる。

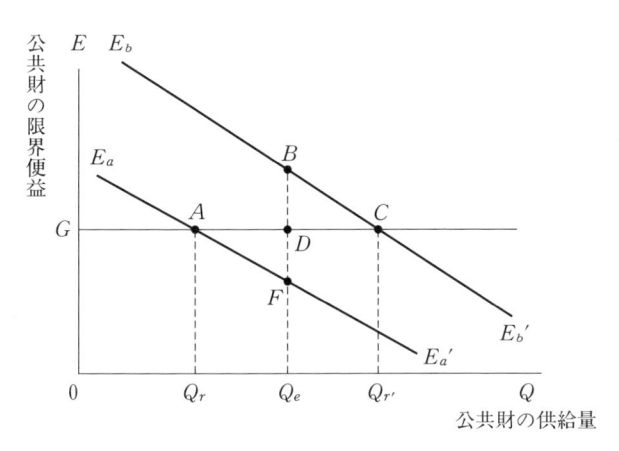

図 9-1　地方分権と地方公共財

3　地方公共財の最適供給

地方公共財によって便益を与える範囲が地域に限定している場合は、地方公共財供給に必要な費用を徴収することができる。これは、映画館や劇場のようなクラブ財と類似している。つまり、利用者とそれ以外の人に排除性が成り立つことになる。このときの最適供給について検討してみよう。住民は同質で私的財とクラブ財に類似した地方公共財から効用を得ているとする。地域住民の総所得は人口に比例的に増加し、私的財と地方公共財の相対価格は人口の増加関数と仮定する。地域住民に地方公共財を提供する場合、人口が増加すると混雑現象が起こり、総コストも増加することになる。

地方政府が地方公共財の最適供給を考える場合、地域の社会的便益を最大にするように地方公共財の供給量と人口を決定する必要がある。

この地方公共財の供給量については、地方公共財に対する住民の限界便益額の合計が地方公共財の限界費用に等しいという公共財供給のサミュエルソン条件で与えられる[1]。これが地域公共財の最適条件である。次に人口の最適条件を考える。地方公共財の供給量が一定の時は1人当たりの地方公共財の負担額が最も小さく、1人当たりの私的財の消費額が最も大きなところで社会的便益は大きくなる。そのため、地域における人口の最適規模を示す条

図9-2 最適規模

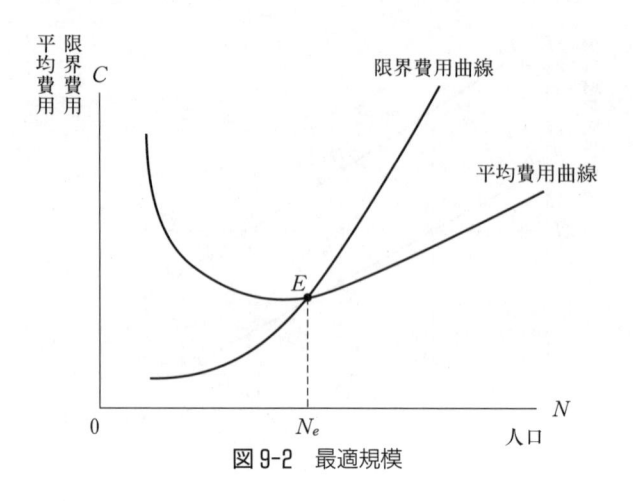

(縦軸: 平均費用・限界費用 C、横軸: 人口 N)
限界費用曲線、平均費用曲線、交点 E、N_e

件は1人当たりの公共財の供給費用が最小になる点で与えられる。

図9-2で示すと平均費用と限界費用の交点 E が平均費用を最小にする。この条件はクラブ財と同様の地方公共財を供給した場合の人口の最適規模を示している。

ここまでは、分権的経済の下で資源配分がパレート最適になることを示している[2]が当然いくつかの得られないケースも存在している。その一つが、各地域の土地や企業の生産力が異なるなど非対称地域が存在するケースである。そして地方政府が最適な地域公共財を供給しても住民が費用負担を避けるために偽りの需要を示す問題、いわばフリー・ライダー問題が存在することである。また、地域のスピルオーバーが存在するような外部性や非効率な税体系および税の徴収、そして地域公共財の供給における規模の経済もパレート最適にはならないケースである。

4 地域公共財の最適供給に対する仮説：ティブー仮説

地域公共財の最適供給についてはじめて明確な仮説を述べたのがティブー（C. M. Tiebout）である。ティブーはある仮定の下で、地方公共財が数多くの地方政府に提供されると完全競争市場の私的財の配分と同様のパレート最

適に配分されるメカニズムがはたらくと指摘した。これが**ティブー仮説**である。この仮説は以下の仮定に基づいている[3]。

①住民が持つさまざまでかつ数多くの選好に合う多数の地域社会が存在していること。
②住民は自分の選好に合う効用水準を最高にするような地方公共財が提供される地域社会まで自由に移動することができること。
③雇用機会や所得機会はどの地域も一定で、どの地域社会に住むかどうかについては制約されないこと。
④住民はすべての地域社会で供給される地方公共財についてどのようなパターンで供給されるか、そしてその地方公共財によって住民に課せられる租税についてのすべての情報を持っていること。
⑤各地域社会の人口規模には最適規模があり、そこでの地方公共財における1人当たりの供給費用は数量に関してU字型で最低点を持っていること。
⑥人口が最適規模より少ない地域社会は他の地域社会から住民を移住させようとし、人口が最適規模より多い地域社会は住民を減少させようとすること。
⑦地域間で地方公共財における外部性が存在しないこと。
⑧地域間において地方公共財の供給による便益や費用の移入移出がないこと。

これらの仮定の下で、数多くの地方政府が自由に地方公共財の提供を行った場合、消費者は自分の選好に合う地方公共財を提供する地方政府まで移動する。このように自分の選好を示すことができる**足による投票**のメカニズムによってパレート最適を満たす地方公共財の提供が可能になるとした。つまり、各地方の政府は地方公共財を供給する企業のように行動し、地方税収入と地方公共財の費用の差額を最大にするように地方公共財の水準と地方税率を決定するのである。

第9章　地方分権とニュー・パブリック・マネジメント　175

5 ティブー仮説の問題点

　ティブー仮説は地方の公共経済分析において重要な問題提起になっている。この仮定の中には地方公共財の最適な資源配分と完全競争市場における私的財の最適な資源配分が同じにはならない問題点が存在している。

　たとえば、地方公共財には治安に携わる警察などのサービスは非競合的である一方で道路などは自動車の交通量が増加すると混雑現象が起こり、交通に不便を生ずるような状況が発生する。このことから競合的な性質を持っているといえる。公共財と私的財の中間的な性質を持つ財・サービスを準公共財というが、地方公共財も準公共財のようなものが含まれる。このことはティブー仮説からも導き出される。ティブー仮説では各地域社会の人口規模に最適規模があることを仮定しているので、地方公共財の供給と需要には何らかの集積の利益が発生し、規模の経済性としての外部経済が最適な人口規模に近づいたときに最大になる。そのため、もし地域社会が最適な人口規模を超えたときマイナスの外部効果、つまり外部不経済がもたらされる。したがって、地方公共財には集積の利益と外部不経済の両方をあわせ持つような準公共財が存在する可能性がある。

　このような性質を持つ準公共財において、ティブー仮説の状況にある住民が自分の選好に合う効用水準を最高にする地方公共財が提供される地域社会まで自由に移動することができることは矛盾した内容になっている。それは、住民が自分の選好に合う効用水準を最高にする地方公共財が提供される地域社会に移動するとき、その住民の移住は今まで住んでいた地域社会の住民の効用水準に影響を与えることになる。地方公共財が与える外部効果以外に住民が自由に移住できることによる外部効果があり、住民が自由に移動できること自体がパレート最適な地方公共財の供給を妨げる可能性もある。

　また、公共財を供給する際には最小平均費用（1人当たりの供給費用は数量に関してU字型で最低点を持つため）に等しい税率で供給されているので、地方公共税の供給水準が一定であればどの地方であっても地方税率は変わらない。住民にとって最も望ましい地方政府は、住民の地方公共財に対する限界

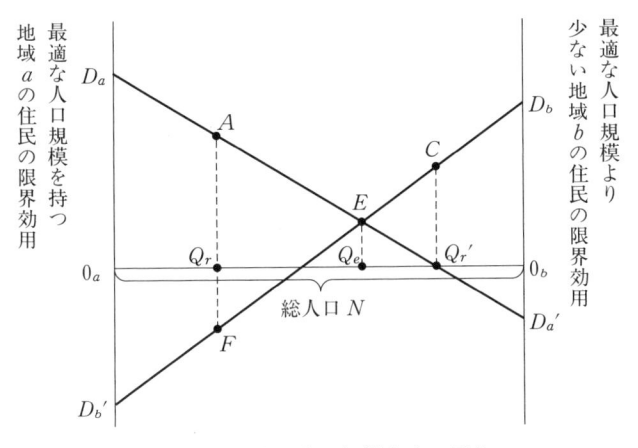

図9-3 最適な人口規模と人口配分

効用と地方税率が一致する地方公共財を供給する政府である。ティブー仮説ではこのような地方政府がすべての住民にみつかることを意味している。

また、ティブー仮説で最適性が達成されるには人口の配分と各地域社会の最適人口規模がうまく合わなくてはならないため、実際の地域経済からみるときわめて現実に適応しにくいと考えられる。

このことを図9-3を用いて検討してみよう。最適人口規模の地域aと最適人口規模に満たない地域bがあり、全人口Nがこの2つの地域で配分されていると仮定する。地域aと地域bそれぞれの住民が持つ限界効用曲線をD_aD_a'、D_bD_b'であり、横軸0_a0_bは総人口Nを示している。総人口Nは地域aと地域bに配分される。つまり地域aのD_aD_a'、地域bのD_bD_b'は人口増加の効果が示されている。人口配分の出発点をQ_r'とすると地域aにおいて最適な公共財が供給され、その総効用は面積$D_a0_aQ_r'$で示される。その一方で地域bの総効用は面積$CQ_r'0_bD_b$しかないことになる。ここで住民移動が自由に行われると最適人口規模の少ない地域bから最適人口規模である地域aに人口移動が起こる。公共財から得られる効用の格差がさらに増大されて人口はすべて最適人口を持つ地域aに吸収されることになる。ただし、総人口をQ_rで地域aと地域bに配分すれば社会的な総効用は

第9章 地方分権とニュー・パブリック・マネジメント 177

最大になる。先のように地域 a の人口が最適人口規模より大きくなっていくと混雑現象などのマイナスの外部性が生じる。そのため地域間の人口移動が停止する均衡点は Q_r になる。Q_r では地域 a と地域 b の総効用水準が等しくなっている。しかし、この点は社会的に最適点であるか、安定的であるかといった保証はされていない。

2 最適な地域規模

1 市町村合併の動向

　地方公共財が効果的にかつ効率的に供給するために、自治体として財政を含めた強化・整備が必要となってきている。地方分権を促進していく中で、広域行政という現行制度を活用しながら、住民の行政ニーズに合いより効率的な取り組みとして市町村合併への動きがきわめて顕著になっている。1997年7月の地方分権推進委員会第2次勧告では「第6章　行政体制の整備・確立」として「市町村合併と広域行政の推進」がとりあげられた。1998年5月の第1次地方分権推進計画では「第6章　地方公共団体の行政体制の整備・確立　2．市町村の合併等の推進」において自主的な市町村合併を推進するための行政措置、広域行政等の推進の必要性が記された。それらを受けて地方分権一括法では「市町村の合併の特例に関する法律（市町村合併特例法）」の改正が行われた。財政措置の拡充として1999年以降に合併し、合併からの10年間は合併しなかった場合の普通交付税を全額保障する普通交付税の算定の特例期間を延長したり、合併特例債の創設などさまざまな制度[4]が拡充された。さらに、自治省にも市町村合併推進本部が設置されるなど市町村合併を支援する体勢が整備された。市町村合併特例法は2005年を期限として置いていることから、2003年現在数多くの地方自治体が合併を視野に入れた検討を行っている。

2 　地域の規模や地域数の最適化の条件

　市町村合併により地域数が変わることは、地域規模も変わっていくことから住民が享受する効用水準を高めるという考えがある。

　地域の規模[5]や地域数の最適化の条件は一般的にヘンリー・ジョージ定理により得られている。地域の規模が最適になるのは、地域の規模を拡大することによる集積の利益と不利益がバランスするときである。集積の利益とはさまざまな産業に合う豊富な労働力による生産性増加の効果や数多くの企業の存在によって地域全体でみて企業売上の変動が小さくなったり、在庫費用の低下、さまざまなタイプの人が影響し合うことによる新しいアイデアの創造などをさす。また、集積の不利益とは人間が集中することによる時間費用や混雑費用の発生、大気汚染や公害など環境の悪化における不経済のことである。地域社会に住民が１人追加すると集積の利益によって、その地域に立地する企業に便益を与える。地域の規模や地域数の最適な水準では外部便益に等しいだけのピグー補助金を地域住民に与える必要がある。また、集積の不利益が発生する場合は地域住民の１人当たりの行動できる面積（住宅敷地価格の減少および面積の減少など）の減少が発生する。ヘンリー・ジョージ定理では、これらの利益と不利益がバランスするには地域住民に与えるピグー補助金の総額とその地域の地代の総額を等しくする状態であることを示している。つまり、最適都市規模のとき、地方公共財の供給に必要な費用と地域の地代の総額が等しくなる必要がある[6]。またヘンリー・ジョージ定理は集積の経済だけでなく都市規模の最適条件をも示している。

3 　市町村合併の経済理論

　対称な地域において地域数を選択変数に含むパレート最適の条件は地域公共財の費用が地域公共財と消費財の限界代替率の合計に等しいというサミュエルソン条件と地域間の効用の均等化、総人口を最適人口で割って算出した最適な地域数で示される。

　次に、それぞれの地域が対称的であり、そこで地域数を選択することがで

きる経済を考えると実はそこで得られた解は安定的ではなく、さらに各地域の住民の効用が等しくなる経済は最適人口を超える規模で人口移動が停止する（均衡する）傾向がある。これは、各地域の住民の効用が等しくなる場合の地域数が最適地域数を下回ることを示すものである。このようなときにパレート最適な資源配分を実現するために、新しい地域をつくったり、市町村分割が必要になる。しかし、現在日本国内で行われている市町村合併は最適地域数や最適規模の観点というよりもむしろ、規模の経済を効率的に利用することを目的としたものであると考えられる。

また、非対称の地域からなる経済においては地域数を変化させることが有効な場合も存在する[7]。

3　ニュー・パブリック・マネジメント

1　政府部門の効率化

1980年代の半ば以降、イギリスやニュージーランド、カナダなどの国々で、民間企業における経営理念や手法、成功事例などを行政運営の現場に導入することにより、行政部門の効率化・活性化をはかろうとする**ニュー・パブリック・マネジメント**（New Public Management：NPM）の試みがなされた。わが国においても、近年、行財政改革や地方分権の取り組みの中で、NPMの手法を用いた公的部門の改革が議論されている。本節では、このようなNPMの議論を、公共部門の効率化、地方分権の推進との関連でみていこう[8]。

NPMの理論においては、いくつかの改革が示唆されているが、それらは次のような4点にまとめられる[9]。

①法令や規則による伝統的な行政管理システムを変更し、経営資源に関する裁量権を広げるとともに業績、成果による統制を行うことを目的とする。

②そのための制度的枠組みとして、「民営化」、「エイジェンシー化」、「内

部市場」などの市場メカニズムを活用する。
③住民や国民を行政サービスの顧客とみなす「顧客主義」の統制システムにと変更するものである。
④とかく階層構造に陥りがちであった行政組織のヒエラルキーを簡素化し、統制しやすい組織へと変更する。

　伝統的な行政システムにおいては、政策とその目標を達成するための施策・事業は議会で決定され、行政はその政策の施策・事業を執行する部門と位置づけられていた。そのような関係の中で、行政部門は政策目標の達成のために、行政・会計上の法令・規則を順守して施策・事業を執行し、会計検査や行政監査も基本的には執行手続きの「合法性・合規性」に関するアカウンタビリティを確認するにとどまっていた。したがって、伝統的な行政システムでは、事後評価を中心とする有効性、効率性に関する評価については、さほど重視されてこなかったといえよう。NPM理論では、公共部門の効率性を高めるために統制の基準を「執行手続きの合法性・合規性」から「業績・成果の達成」に転換し、あらかじめ設定されていた政策目標との比較において公共部門の業績、成果を評価し、その結果をマネジメントサイクルにフィードバックさせるものである。

　執行部門のマネジャーの予算や人などの経営資源の利用に関する裁量の範囲を広げるとともに、執行部門に「業績・成果による統制」が機能しやすいシステムを導入する必要がある。そのための有効な手段として、市場メカニズムの活用がある。公的企業や現業部門の民営化、エイジェンシー化をはかったり、それ以外の部門に関しても政策や施策の企画・立案部門と実施部門とを切り離し、実施部門については政府が費用負担を行う「契約型モデル」とすることで内部市場メカニズムを活用するなどいくつかの試みが必要となる。

2　事業評価

　NPM理論は民間企業の経営理念・手法を公共部門の運営に活用し、公共

部門を効率化することを目的としているが、そのためには、業績や成果の達成度合いを厳正に評価し、それをマネジメントサイクルにフィードバックさせることが不可欠となる。ところが、先に述べたように、伝統的な公共システムにおいては、施策・事業に関する評価やそれを公共部門の運営にフィードバックすることが困難となっていた。したがって公共システムにより適応しやすい行政評価、政策評価システムを組み込むことが必要となる。そのような観点から、以下では、NPMによる業績／成果を評価するための基準、評価の対象、評価時点などの問題をとりあげる。

（1） 評価の基準

まず、評価の基準に関しては、公共部門を民間企業と同様に「公共サービスを生産する事業主体」ととらえ、その業務の流れを3つのE（Economy, Efficiency, Effectiveness）の観点から評価する。ここで、Economy（経済性）は、所定のアウトプット（公共サービス）を最少の費用で達成しているかどうかという尺度であり、Efficiency（効率性）は一定の費用のもとでアウトプットが最大化されているかどうかを評価する尺度である。これら2つが、投入された資源とアウトプットとの間の経済性や効率性を問題とするものであるのに対し、Effectiveness（有効性）はアウトプットとあらかじめ設定された基準や目標値との比較を問題としている。民間部門では、アウトカム（成果）として求められる「顧客の満足」は市場を通じて評価され、Efficiencyと同時にさまざまな財務指標（売上高、利益、自己資本比率など）を通じて確認することができる。ところが、公共部門が供給している公共サービスについては市場によるチェック機能は自動的にははたらかない。したがって、公共部門のEffectivenessの評価のためには、政策目標という市場とは異なった指標や目標値との比較が必要となる。このように、政府の業績評価には行政の執行部門に対するEfficiencyの基準と、基本政策の策定や施策の企画・立案部門に対するEffectivenessの評価基準が同時に適応される必要がある。

```
      政　策
   施策（プログラム）
個別案件（プロジェクト、事務事業）
```

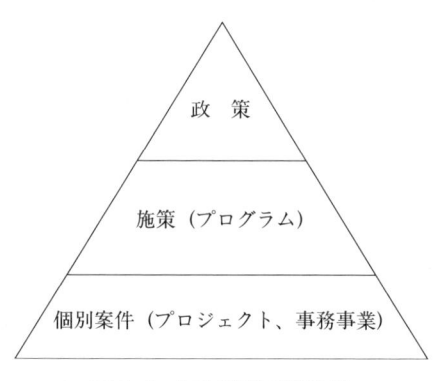

図 9-4 行政機能の諸段階
出所：本間・斉藤（2001）。

（2）　事業評価の諸段階

　公共部門の機能は、基本政策の策定、施策（プログラム）、個別案件（プロジェクト、個別事務事業）などの諸段階を通じて実現される。基本政策とは政策運営の目的や方向性を示すものであり、施策はその政策目標を実現するための具体的な手段を示す。それらの施策を実現するのが、個別案件すなわち個別のプロジェクトや事務事業である。これらのうち個別案件は公共サービスの業務単位となっており、行政サイドからの業務管理が比較的容易である。また、施策や個別案件は予算事項の単位となっているため、Efficiencyの観点からの執行評価に適している。しかしながら、施策（プログラム）は基本政策の目標を達成するための手段であり、基本政策との関連で、政策目標が達成されているかどうかの評価（有効性評価）も同時に必要となる。

（3）　評価の時点

　さらに、行政評価をどの時点で行うのかという問題に関して、「事前評価」、「時中評価」、「事後評価」の3段階がある。通常のルーティーン業務であれば「事後評価」を行いマネジメントサイクルにフィードバックさせることが有効となる。他方、新たな政策プログラムの実施に際しては、「事前評価」、「事後評価」ともに重要である。また、公共事業を伴う案件については、それが大規模プロジェクトであるほど、ひとたび事業に着手すればそれが埋

没費用となって事業の変更、中止が困難となるため、「事前評価」がきわめて重要となる。

③ 政策評価と政策目標のベンチマーク化

　政府活動に費用便益分析やそれによる政策評価を導入し、公共支出の効率化をはかろうとする試みは、1960年代アメリカにおけるPPBS (Planning Programming Budgeting System) による公共支出改革にもみられた。そこでは、個々のプロジェクトの効率化を目的とする費用便益分析をより広範囲な視点から統合し、さまざまな公共支出を政策目標に従ってプログラム別に統合し、目標達成のための最適な手段を選択し、それに基づいて予算の編成を行う方式である。このような手法により、ともすれば予算の所管別配分に重点がおかれがちな予算編成に、政府活動の目標別分類やその達成度を重視する目的指向型の政策システムを導入したり、費用便益分析をベースとしたいくつかの代替的手段の選択など、科学的な視点と効率性に関する客観的な評価とを導入しようとする試みであった。

　費用便益分析が有効に行われるためには、社会的観点からみた直接・間接の費用や便益が可能な限り定量的に把握される必要がある。さまざまな公共プロジェクトに伴う外部経済、不経済効果や、開発利益、公共交通事業などにより発生する時間節約の利益などといった経済的に評価が困難な便益や費用もこれに含まれる。また、多くのプロジェクトは将来の長い時間にわたり便益や費用が伴うのが普通であり、現時点に発生する費用便益と、将来時点で発生するそれとを正しく評価する必要がある。このためには、将来にわたる各期の費用と便益を正しく現在価値に割り引く社会的割引率の選択が必要となる。これらの困難な問題から、このような取り組みは公共的意思決定プロセスの改善には必ずしも成功したとはいえない。また、多様化する住民ニーズを反映した政策目標のプライオリティの選択に対しても、必ずしも有効な回答を提示できなかった。

　NPMによる行財政改革においては、政策評価における定量的な客観性を

追及するのではなく、経営学の理念や手法を活用するところに特徴がある。市場調査などの経営学の手法を生かし、政策の意思決定に「住民のニーズ」を反映させたり、政策効果の評価においては、業績・成果を測る数値化された指標を導入することで、データの推移により議会や住民から判断しやすい評価システムを構築する。そのための手段が**政策目標のベンチマーク化**である。

　これは、戦略計画をベースとして施策についてのビジョンを明確にしたうえで、個々の政策領域ごとの政策目標をベンチマーク化（数値化）して示し、これを実現するための施策と個別事業とのリンクをつけるものである。ベンチマークを設定する段階で住民のニーズを反映させるとともに、業績・成果をみやすい形で数値目標化し、政策目標の達成状況を客観的な指標をもとに評価監視できるようなシステムを構築する。このようにして政策目標の、施策（プログラム）、個別事業（プロジェクト）との関係が明示されれば、施策、プロジェクトとの関係で政策目標を予算とリンクすることが可能になる。それにより、政策目標、目的との関係で統一的にコスト、アウトプットや有効性を適正に管理することも可能となる。また、自治体の政策目標がベンチマーク化されれば、行政サービス分野のサービス水準が自治体間で比較可能となり、行政評価を住民に公表することで、自治体間にある種の競争メカニズムを導入することにもつながる。

4　PFIとエイジェンシー化

　NPM理論は、業績・成果の評価を公共部門の統制の基準として公共部門の効率性を高めることを目的としているが、そのためには、市場メカニズムの活用により公共部門を業績・成果の評価になじみやすいシステムに転換することが有効である。公共部門に**PFI**（Private Finance Initiatives）や**エイジェンシー化**を適用することは、そのための有効な手段となる[10]。

　地方政府は、土木、教育、社会福祉、医療、警察、消防、上下水道、ガス

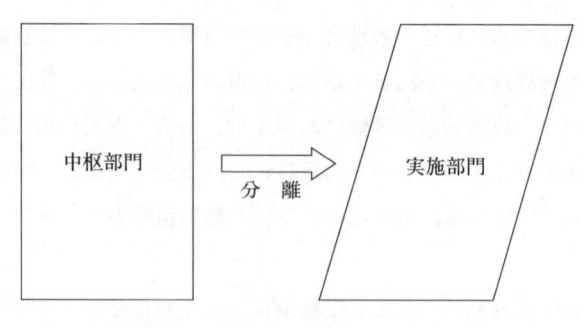

〈契約型モデルのパターン〉
1．広義の民営化（民間委託など）
2．PFI
3．エイジェンシー
4．内部市場
→『業績／成果による統制』
　　財の属性によって判断

図9-5　NPMと市場メカニズムの活用
出所：大住（1999）。

などをはじめとして、住民の日常生活に密着するさまざまな事務事業サービスを提供している。これらの中には、警察や消防など、純粋公共財的性格を強く持っており、民営化や市場メカニズムにはなじまないものがある。また、道路、空港、橋梁などの社会資本については、排除原則ははたらかないものの、利用者の数の増加とともにその消費水準が低下するという「混雑現象」を伴う。ごみ収集サービスや体育館、図書館、都市公園などの施設利用や、駐車場、ゴルフ場のような「クラブ財」も同様の性格を持っている。さらには、地方政府により供給されている財・サービスの中には、自らの消費が他の個人の消費を減少させるという競合性が強くはたらき、私的財に近い性格を有するものもある。バス、地下鉄、有料道路、保育所、医療、福祉サービスなどがその例である。

　これらの財・サービスは、その便益が個人に帰着するという側面がかなり強いものの、同時に何らかの形で社会全体に外部便益を及ぼす側面も否定することはできない。そのような財・サービスの公的供給が正当化されるため

には、その効率性が明確に評価できる枠組みが必要となる。また、図書館、体育館、博物館などの公共施設や有料道路、空港、港湾などの社会資本は、上述のような財と比較すれば公共財的な性格を持っているが、地方政府により最も望ましいサービスの供給が可能かどうかを検討する必要がある。

1　PFI

　PFIは、これまで公共部門が建設・運営を担ってきた公共的な施設やサービスの提供を民間企業に委ねることにより、民間の資金やノウハウを活用する方法である。同時に、PFIには官民の新たな役割分担（官民のパートナーシップ）の形成、民間事業機会の創出による景気刺激、公的部門の財政負担の軽減などが期待されている。

　PFIの代表的な事業形態には、次のような3つのものがある[11]。

①公共サービスの購入型：公的部門が民間事業者に対してサービス提供の許可権を与え、民間事業者が公共施設などの設計・建設・維持管理および運営を行う。提供される財・サービスは公共部門が購入し、民間事業者はそれによって事業コストを回収する。

②ジョイントベンチャー型：公的部門は民間事業者とともに資金を投入し、施設の建設を行う。施設の管理・運営面では基本的に民間事業者がイニシアティブをとりながら、受益者からの料金収入と公共部門の財政支援により事業コストを回収する。

③独立採算型：公的部門により与えられる許可権の下に民間事業者は公共施設などの設計・建設・維持管理および運営を行い、受益者が支払う利用料金収入により事業コストを回収する。

　1980年台にイギリスではじまったPFIは、日本においても1999年の「民間資金等の活用による公共施設等の整備等の促進に関する法律（PFI法）」の制定により行政サービスの提供、公共施設建設などへのPFI導入が積極的に取り組まれている。川口市での都市再開発事業、木更津市など4市におけるごみ処理施設、東京都水道局のコージェネレーション施設などがそ

の一例である。先に述べたように、財政危機の中で、PFIは地方政府の財政負担を減少しながら公共施設建設を促進する手段とも位置づけられているが、事業運営におけるさまざまなリスクの負担のあり方、民間事業者による事業の効率的な運営の妨げとなるような諸規制の緩和など、検討すべき課題が残されている。

2　エイジェンシー化

　地方政府が供給している財・サービスの中で私的財としての性格が強いもの、民営化の対象にはなりにくいものについて、このような財・サービスの供給に効率性や質的向上を実現する手段がエイジェンシー化である。エイジェンシー化とは、行政サービスの供給の効率化、水準の向上を目的として、企画立案部門と執行部門を分離し、執行部門を独立した機関として弾力的な運営を保証するための手段である。

　エイジェンシーは、母体省庁より任命された長により運営され、組織内部の改革、予算配分やその執行などに関してかなりの自由度が与えられる。組織運営にあたっては、中期目標などを明示した中期計画に従って交付金を受け、効率的な予算配分のための多様な使途への支出権限や、単年度主義の弊害を予防するための予算繰越などが認められる。エイジェンシーの職員に関しては、業績に基づく報酬支払い制度など労働インセンティブを高める制度が導入されている。それらの経営資源を活用して、「安い費用で最もよいサービス」の原理の下で、住民に効率的かつ効果的にサービスを供給することが求められる。その成果は、財務会計というコストパフォーマンス基準をはじめ、目標の達成度、住民の満足度といったアウトプット、アウトカムの観点からも、第三者機関により客観的な評価を受ける。

　わが国においても行政改革の一環として、中央政府の多くの機関において日本版エイジェンシーである「独立行政法人」化が取り組まれている。独立行政法人とは、企画・立案部門から切り離した執行部門に独立した法人格を与えた政府の実施部門である。独立行政法人化の対象となる事務・事業の範

囲は、政府が直接提供する必要はないが、民間に任せたのでは過小供給に陥り、国民生活に悪影響を及ぼすことが心配される分野である。このような観点から、博物館、美術館、研究所などを含む多くの行政機関の独立法人化が決定されており、また、今後、国立病院や国立大学などの独立法人化が検討されている。

　これらの機関では、独立行政法人化に伴い、中期目標とそれを実現するための中期計画を策定し、会計についても単年度予算から３年程度の中期的予算を決定する。会計制度のあり方も、現金主義から発生主義会計、採算性を重視した企業会計へと移行することが求められる。独立行政法人の職員の身分に関しては、公務員と同等の身分を与える「公務員型」とそうでないものがあるが、柔軟性の高い組織運営を実現するために、役員の公募や業績に応じた昇進・昇給制度の採用も可能となる。独立行政法人には、中期計画に基づく目標の達成度、業務実績、財務諸表や第三者評価委員会による評価結果などの情報公開が義務づけられ、それにより行政効率のコントロールがなされる。地方自治体においてエイジェンシー化を進めるにあたっては、中央政府の機関と同様に、エイジェンシーのアウトプットや有効性まで評価するシステムや第三者評価機関の確立が必要となるが、単独の自治体ではこのような評価システムの確立は困難であり、そのための自治体間の連携などが不可欠となるかもしれない。

●──注
[1] 地価を最大にするように地域公共財を供給できるときに、そして地価に影響を与える地域公共財が存在すると仮定すると、地価への資本化（ある地域の地方公共財の供給によって便益が上昇し、住民流入が起こり、土地の需要が上がり地価を押し上げること）と固定資産税の地価への資本化（固定資産税を増加した地域では住民の効用が下がり住民が移動し、土地に対する需要が下がり、地価を押し下げる）の２つのルートを経て影響を与える。同質な住民、開放都市、移動コストがゼロ、土地の供給量が一定の場合は地価の最大化と住民の効用最大化はともに地域公共財を最適に供給させる。

² これについて、補足解説を示す。

対称的な2地域からなる経済において地域1と地域2のいずれに住んでも効用水準が均等である制約の下でパレート最適な資源配分条件を求める。

対称的な2地域のケースにおいて、両地域の人口総数 N を一定とし、住民はいずれかの地域に住まなければならないとする。地域1の住民数は N_1、地域2の住民数 N_2 とする。したがって、人口の制約条件は、

$$N_1 + N_2 = N$$

となる。企業の生産要素は労働であり、企業の関数は、

$$f(N_i) \quad (i = 1, 2)$$

となる。労働の限界生産力は $f_{N_i}(N_i)$（i：地域1、地域2を示す）、限界生産力は逓減すると仮定する。両地域の土地は T であるがそれぞれ同じ土地を用いて生産していると仮定しているため、ここでは省略している。地域1と地域2の住民は同質である。また、価格1の消費財を C_i（$i = 1, 2$）、限界費用が1の地域公共財 G_i（$i = 1, 2$）とし、住民の効用関数を、

$$U(C_i, G_i) \quad (i = 1, 2)$$

とする。ここでの経済全体の資源制約は、

$$f(N_1) + f(N_2) = C_1 N_1 + G_1 + C_2 N_2 + G_2$$

である。ここで、パレート最適条件を求める場合、地域間の効用水準が等しいという制約条件を加えなければならない。これは、分権的経済では、住民の地域間の移動が地域間の効用水準の格差を縮めるように行われるため、地域それぞれの効用水準は均等しなければならない。地域間の効用均等化の条件は

$$U(C_1, G_1) = U(C_2, G_2)$$

となる。人口制約条件、資源制約条件、地域間の効用均等化条件の下で、地域1の住民の効用最大化問題を解く。

$$\text{Max } U(C_1, G_1)$$
$$\text{s.t. } N_1 + N_2 = N$$
$$f(N_1) + f(N_2) = C_1 N_1 + G_1 + C_2 N_2 + G_2$$
$$U(C_1, G_1) = U(C_2, G_2)$$

ラグランジュ未定乗数法を用いて解くと、パレート最適条件は、以下のようになる。

地域1のサミュエルソン条件　　　$1 = N_1 \left(\dfrac{U_{G_1}/U_{C_1}}{U_{G_2}/U_{C_2}} \right)$

地域2のサミュエルソン条件　　　$1 = N_2 \left(\dfrac{U_{G_2}}{U_{C_2}} \right)$

最適人口配分条件　　　$f_{N_1}(N_1) - C_1 = f_{N_2} = f_{N_2}(N_2) - C_2$

人口制約条件　　　$N_1 + N_2 = N$

　　　　資源制約条件　　　　　　　　$f(N_1) + f(N_2) = C_1N_1 + G_1 + C_2N_2 + G_2$

　　　　地域の効用均等化の条件　　　$U(C_1, G_1) = U(C_2, G_2)$

　最適人口配分条件については、人口が一定である場合、地域間の人口は異聞の変更は資源制約条件に影響する。また、ある一方の地域の人口を限界的に増加させると $f_{N_i}(N_i)$ $(i = 1, 2)$ だけ当該地域で増加する。増加した人口の私的財の消費も同様に増加するため $f_{N_i}(N_i) - C_i$ も増えることになる。詳細は、伊多波（1995）、p. 13 を参照のこと。

[3] ティブー仮説における仮定は山田（1987）、p. 185 の一部を参照している。

[4] その他の財政措置の拡充としては公債費負担格差の解消のための財政措置、議員年金に関する特例措置等が導入された。また合併推進のための地域審議会の設置、住民発議制度の拡充がはかられている。住民発議制度は 1995 年に導入されたもので、有権者の 50 分の 1 以上の署名によって合併に関する関係市町村の話し合いの場である合併協議会の設置を請求することができることを定めた制度である。

[5] 多くの文献では地域規模ではなく都市問題の中の都市規模として扱っているが、ここでは地域規模として用いている。

[6] この結果は Flatter, Henderson and Mieszkowski（1974）によって得られゴールデン・ルールと呼ばれている。

[7] 伊多波（1995）、pp. 37-38 を参照のこと。

[8] ニュー・パブリック・マネジメントの詳しい議論や諸外国の取り組み例などについては、大住（1999）が詳しい。本節の議論は基本的に大住（1999）によっている。

[9] 大住（1999）参照。

[10] PFI やエイジェンシー化に関しては、本間・斉藤（2001）に詳しい記述がある。本節の議論は基本的に本間・斉藤（2001）によっている。

[11] 大住（1999）参照。

--- 練習問題 ---

1 地方公共財およびクラブ財に関する次の記述のうち、正しいものはどれか。
　①地域公共財に関する「足による投票」理論は、地域住民が便益の高い公共財を中央政府に供給するように行動することによって、地方公共財の最適配分になることをいう。
　②地方公共財とは政府が選好に干渉して供給する義務教育や低家賃住宅のように温情主義やモラル的な観点から市場機構よりも政府が供給する方が社会的に必要とされている公共財である。
　③クラブの最適人口は限界費用と平均費用の一致する点で与えられる。
　④クラブ財などの地域公共財は、その地域（クラブ）に入らないでもその便益をただ乗りすることができる。
　⑤ティブーは、地方公共財が数多くの地方政府に提供されると完全競争市場の私的財の配分と同様のパレート最適に配分されるメカニズムがはたらく仮説を提示した。

2 公共部門の行財政改革を進めるために、民営化、PFI、エイジェンシー化などの手法をどのように活用していけばよいであろうか。具体例をあげながら論じよ。

参考文献

第1章
貝塚啓明著『財政学』〔第3版〕東京大学出版会、2003年
環境省『環境白書』〔平成14年版〕ぎょうせい、2002年
加藤治彦編『図説　日本の財政』〔平成14年度版〕東洋経済新報社、2002年
国立社会保障・人口問題研究所編『社会保障統計年鑑』〔平成14年版〕法研、2003年
内閣府編『国民生活白書』〔平成13年度〕ぎょうせい、2002年 a
内閣府編『経済財政白書』〔平成14年度版〕財務省印刷局、2002年 b
内閣府経済社会総合研究所編『経済要覧』〔平成15年版〕財務省印刷局、2003年
大蔵省財務協会編『図表解説財政データブック』大蔵省財務協会、2002年
総務省編『地方財政要覧』〔平成14年度〕地方財務協会、2002年
総務省編『地方財政白書』〔平成15年版〕法研、2003年
財務省主計局調査課編『財政統計』〔平成14年度版〕財務省印刷局、2002年

第2章
Atkinson, A. B. and Stiglitz, J. E., *Lectures on Public Economics*, New York : McGraw-Hill Book Co., 1980.
井堀利宏『公共経済学』新世社、1998年
岸本哲也・入谷純編著『公共経済学』八千代出版、1998年
Samuelson, P. A., "The Pure Theory of Public Expenditure," *Review of Economics and Statistics*, 36, 1954, pp. 387-389.
Samuelson, P. A., "A Diagrammatic Exposition of a Theory of Public Expenditure," *Review of Economics and Statistics*, 37, 1955, pp. 350-356.
柴田弘文・柴田愛子『公共経済学』東洋経済新報社、1988年
Smith, A., *The Wealth of Nations*, 1776.
武隈慎一『ミクロ経済学』〔増補版〕新世社、1999年
常木淳『公共経済学』〔第2版〕新世社、2002年

第3章
Atkinson, A. B. and Stiglitz, J. E., *Lectures on Public Economics*, New York : McGraw-Hill Book Co., 1980.
井堀利宏『公共経済学』新世社、1998年
経済企画庁総合計画局編『日本の社会資本：21世紀へのストック』東洋経済新報社、1998年

岸本哲也・入谷純編著『公共経済学』八千代出版、1998年
三井清・太田清編『社会資本の生産性と公的金融』日本評論社、1995年
奥野信宏『公共経済学』〔第2版〕岩波書店、2001年
奥野信宏・焼田党・八木匡編『社会資本と経済発展：開発のための最適戦略』名古屋大学出版会、1994年
Samuelson, P. A., "The Pure Theory of Public Expenditure," *Review of Economics and Statistics*, 36, 1954, pp. 387-389.
Samuelson, P. A., "A Diagrammatic Exposition of a Theory of Public Expenditure," *Review of Economics and Statistics*, 37, 1955, pp. 350-356.
Shibata, H., "A Bargaining Model of the Pure Theory of Public Expenditures," *Journal of Political Economy*, Vol. 79, No. 1, 1971.
柴田弘文・柴田愛子『公共経済学』東洋経済新報社、1988年
白井正敏・焼田党・釜田公良編『公共経済学研究III』勁草書房、2001年
スティグリッツ，J. E.（藪下史郎訳）『公共経済学（上）：公共部門・公共支出』東洋経済新報社、1996年
武隈慎一『ミクロ経済学』〔増補版〕新世社、1999年
東海郵政局『平成11年委託研究報告書 地域経済と公共部門』東海郵政局、1999年
常木淳『公共経済学』〔第2版〕新世社、2002年

第4章
電力中央研究所編著『地球温暖化の実態と対策』エネルギーフォーラム、2002年
細江守紀・藤田敏之編『環境経済学のフロンティア』勁草書房、2002年
細田衛士『グッズとバッズの経済学：循環型社会の原理』東洋経済新報社、1999年
井堀利宏『公共経済学』新世社、1998年
岸本哲也・入谷純編著『公共経済学』八千代出版、1998年
コルスタッド，C. D.（細江守紀・藤田敏之監訳）『環境経済学入門』有斐閣、2001年
三橋規宏『環境経済入門』〔第2版〕日本経済新聞社、2002年
野口悠紀雄『公共経済学』日本評論社、1982年
佐和隆光・植田和弘編『環境の経済理論』岩波書店、2002年
柴田弘文『公共部門経済分析』有斐閣、2001年
柴田弘文・柴田愛子『公共経済学』東洋経済新報社、1988年
田中廣滋・御船洋・横山彰・飯島大邦『公共経済学』東洋経済新報社、1998年
常木淳『公共経済学』〔第2版〕新世社、2002年
ターナー，R. K.=ピアス，D.=ベルトマン，I.（大沼あゆみ訳）『環境経済学入門』

東洋経済新報社、2001 年
植田和弘『環境経済学』岩波書店、1996 年
植田和弘・岡敏弘・新澤秀則編著『環境政策の経済学：理論と現実』日本評論社、1997 年

第 5 章

麻生良文『公共経済学』有斐閣、1998 年
土居丈朗『入門公共経済学』日本評論社、2002 年
井堀利宏『公共経済の理論』有斐閣、1996 年
井堀利宏『公共経済学』新世社、1998 年
加藤寛・浜田文雄編『公共経済学の基礎』有斐閣、1996 年
岸本哲也『公共経済学』〔新版〕有斐閣、1998 年
野口悠紀雄『公共経済学』日本評論社、1982 年
奥野信宏『公共経済学』〔第 2 版〕岩波書店、2001 年
谷口洋志『公共経済学』〔改訂 4 版〕創成社、1998 年
常木淳『公共経済学』〔第 2 版〕新世社、2002 年
内橋克人とグループ 2001『規制緩和という悪夢』文藝春秋、2002 年
植草益『公的規制の経済学』〔新装版〕NTT 出版、2000 年

第 6 章

Atkinson, A. B. and Stiglitz, J. E., *Lectures on Public Economics*, New York : McGraw-Hill Book Co., 1980.
井堀利宏『公共経済の理論』有斐閣、1996 年
井堀利宏『公共経済学』新世社、1998 年
厚生省『厚生白書』〔平成 11 年度〕ぎょうせい、1999 年
内閣府編『国民生活白書』〔平成 13 年度〕ぎょうせい、2001 年
Rawls, J., *A Theory of Justice*, Cambridge, Mass : Harvard University Press, 1971.（矢島鈞次監訳『正義論』紀伊國屋書店、1979 年）
武隈慎一『ミクロ経済学』〔増補版〕新世社、1999 年
竹内靖雄『経済思想の巨人たち』新潮社、1997 年
常木淳『公共経済学』〔第 2 版〕新世社、2002 年

第 7 章

Arrow, K. J., *Social Choice and Individual Values*, 2nd ed., New York : John Wiley & Sons, 1963.（長名寛明訳『社会的選択と個人的評価』日本経済新聞社、1977 年）
ブキャナン, J. M.=タロック, G.（宇田川璋仁監訳）『公共選択の理論：合意の経

済論理』東洋経済新報社、1979 年
井堀利宏『公共経済学』新世社、1998 年
岸本哲也『公共経済学』〔新版〕有斐閣、1998 年
小林良彰『公共選択』東京大学出版会、1988 年
Mueller, D. C., *Public Choice III*, New York : Cambridge University Press, 2003.
奥野正寛・鈴村興太郎『ミクロ経済学 (II)』岩波書店、1988 年
鈴村興太郎『経済計画理論』〔第 2 版〕筑摩書房、1982 年
ルソー，J. J.（桑原武夫・前川貞次郎訳）『社会契約論』岩波文庫、1954 年

第 8 章

Buchanan, J. M., Tollison, R. D. and Tullock, G. (eds.), *Toward a Theory of the Rent-Seeking Society*, College Station : Texas A&M University, 1980.
井堀利宏『公共経済学』新世社、1998 年
Mueller, D. C., *Public Choice III*, New York : Cambridge University Press, 2003.
Niskanen, W. A. Jr., *Bureaucracy and Representative Government*, Chicago : Aldine-Atherton, 1971.
Olson, M., *The Logic of Collective Action*, Cambridge Mass. : Harvard University Press, 1965.（依田博・森脇俊雅訳『集合行為論』〔新装版〕ミネルヴァ書房、1996 年）
Peltzman, S., "Towards a More General Theory of Regulation?" *Journal of Law and Economics*, 1976.
Tollison, R. J. and Congleton, R. D. (eds.), *The Economic Analysis of Rent Seeking*, E. Elgar, 1995.（加藤寛監訳『レントシーキングの経済理論』勁草書房、2002 年）

第 9 章

林宜嗣『地方分権の経済学』日本評論社、1995 年
本間正明・斉藤愼編『地方財政改革：ニュー・パブリック・マネジメント手法の適用』有斐閣、2001 年
井堀利宏『公共経済学』新世社、1998 年
伊多波良雄『地方財政システムと地方分権』中央経済社、1995 年
伊藤元重・西村和雄編『応用ミクロ経済学』東京大学出版会、1989 年
岡野行秀・根岸隆編『公共経済学の展開：大石泰彦教授還暦記念論文集』東洋経済新報社、1983 年
大住荘四郎『ニュー・パブリック・マネジメント：理念・ビジョン・戦略』日本評論社、1999 年
Tiebout, C. M., "A pure theory of local expenditures," *Journal of Political*

Economy, 64, 1956, pp. 416-424.
常木淳『公共経済学』〔第 2 版〕新世社、2002 年
山田太門『公共経済学』日本経済新聞社、1987 年

練習問題の解答

第1章

1 論述のポイント：バブル崩壊後の長期的な不況の中で、わが国財政は景気対策のための公共支出増と税収の低下がもたらした財政赤字の累積に苦しんでいる。さらに、今後、歳入不足の解消、財政再建のための増税による国民負担の上昇、本格的な高齢化社会の到来にあたり年金、医療のための社会保障負担の増加が見込まれている。

2 論述のポイント：経済構造の変化、長期不況、社会の一層の高齢化などの環境変化の中で、わが国の公共部門は、累積赤字や、歳入不足に悩んでいる。そのような中で、地方分権や公共部門の効率的な運営を通じた公共財供給の効率化、規制緩和、民営化などを通じた公共料金の改革、財政を再建するための税制改革や高齢社会に対応するための社会保障、地球規模の環境問題や循環型社会を構築するための環境・資源政策など、政府の直面する問題点について整理すること。これらの諸問題に対する公共政策については、第2章以下で議論される。

第2章

1 消費者余剰50、生産者余剰25。

需要曲線は直線であるので、$P = aD + b$ とおくと、横軸に需要量 D、縦軸に価格 P をとったとき、需要曲線は $(12, 4)$ $(6, 10)$ を通るので、$4 = 12a + b$, $10 = 6a + b$ が成り立つ。この2式を連立方程式として a と b を求めると、需要曲線は、$P = cS + d$ となる。

次に供給曲線を $P = cS + d$ とおく。同様に供給曲線は $(6, 4)$ $(18, 10)$ を通るので、$4 = 6c + d$, $10 = 18c + d$ が成り立つ。この2式を連立方程式として c, d を求めると、供給曲線は、$P = 0.5S + 1$ となる。需要曲線と供給曲線の交点を E とすれば、$D = S$ より、E 点の座標は $(10, 6)$ である。

以上より消費者余剰および生産者余剰は、$(16-6) \times 10 \times 0.5 = 50$、$(6-1) \times 10 \times 0.5 = 25$ である。

2 ①誤：公共財が存在するとき、完全競争市場においてパレート最適な資源配分が達成されるとは限らない。

②誤：パレート最適性の基準は、消費者と企業の間の効率性、および企業間の効率性についても判断することができる。

③正：パレート最適とは、一般に社会の他の構成員の効用を減少させることなく、いかなる経済主体の効用も増大させることが不可能な資源の配分状態をいう。

④誤：パレート最適性の基準は、あくまで資源配分の効率性を判断するものであり、分配の公平性について判断することはできない。

3 パレート最適な配分においては個人Aと個人Bの限界代替率は等しくなる。限界代替率は限界効用の比に等しいから、$MRS_A = MRS_B$ より $X_a = Y_a$ となる。

次に $X_a + X_b = 25$, $Y_a + Y_b = 75$ を足すと、$(X_a + X_b) + (Y_a + Y_b)$ となる。ここで、$2(X_b + Y_b) = 100$ より、$X_b + X_b = 50$ が成り立つので、$(X_a + Y_a) + 50 = 100$ となり、よって $X_a = 25$, $Y_a = 25$ となる。これを効用関数 U_A に代入すると、625 となる。

4 A 公共財、B 公害、C 課徴金徴収、D 独占。

5 論述のポイント：市場が失敗すること自体はどのような意味かを正確にとらえること。次に、市場の失敗を引き起こす要因をとりあげて、その意義を説明することが必要である。

第3章

1 ①。

2 公共財の社会全体の限界便益（MB）の和は、$MB = P_x + P_y$ である。共同消費が可能であることから、需要関数に代入して、$Q = Q_x + Q_y$ とおくと、$MB = (10 - Q_x) + (20 - Q_y)$ が得られる。こうして得た限界便益をパレート最適条件である $MB = MC$ に代入すると、$30 - 2Q = 4Q$ となる。よって $Q = 5$ である。

3 ⑤。

4 ②、③。
   ①誤：公営プールは公共財の特徴である非排除性と非競合性を満たしていない。
   ②正
   ③正
   ④誤：財源の水準やフリー・ライダーの問題があるため、国民の希望通りに供給するべきとは必ずしもいえない。
   ⑤誤：リンダール均衡のときもフリー・ライダー問題は存在する。

第4章

1 企業1と企業2の利潤関数を計算する。利潤関数は収入から費用を差し引いたものである。また、収入は生産量と価格を掛け合わせたものである。
   企業1の利潤関数は以下になる。　　　$\pi_1 = 48x - 2x^2$
   企業2の利潤関数は以下になる。　　　$\pi_2 = 80x - (4y_2 + 16xy)$
   企業1と企業2の合計の利潤関数 π_{12} は以下になる。

$$\pi_{12} = \pi_1 + \pi_2 = 48x - 2x^2 + 80x - (4y^2 + 16xy)$$

括弧を外すと以下になる。

$$\pi_{12} = \pi_1 + \pi_2 = 48x - 2x^2 + 80x - 4y^2 - 16xy$$

企業1と企業2の合計の利潤を x 財の生産量、y 財の生産量で微分し、これを0とおく。

$$\frac{d\pi_{12}}{dx} = 48 - 4x - 16y = 0 \quad \cdots\cdots\cdots (1)$$

$$\frac{d\pi_{12}}{dy} = 80 - 8y - 16x = 0 \quad \cdots\cdots\cdots (2)$$

(1)と(2)で連立し、x と y を求める。

$$(1) - (2) \times 2 \quad 48 - 4x - 16y = 0$$
$$-) \; 160 - 32x - 16y = 0$$
$$-112 + 28x = 0$$
$$28x = +112$$
$$x = 4 \quad ①に代入すると y = 2 となる。$$

2　A②、B①。

第5章

1　①これは独占市場における問題。ゆえに、限界収入＝限界費用（$MR = MC$）
まず、総収入 TR から、限界収入 MR を求める。

$$TR = P \cdot Q = (-2Q + 600) \cdot Q = -2Q^2 + 600Q$$

$$MR = \frac{dTR}{dQ} = -4Q + 600 \quad \cdots\cdots\cdots (1)$$

次に、総費用 TC から限界費用 MR を求める。

$$TC = AC \times Q = -0.5Q^2 + 360Q$$

$$MC = \frac{dTC}{dQ} = -Q + 360 \quad \cdots\cdots\cdots (2)$$

独占企業の利潤最大化条件は $MR = MC$。ゆえに、(1)＝(2)

$$-4Q + 600 = -Q + 360$$
$$-3Q = -240$$
$$\therefore \quad Q = 80$$

価格は P の式に Q の値を代入すればよい。よって、

$$P = -2Q + 600 = -2 \times 80 + 600 = 440$$

このときの利潤 π は、

$$\pi = TR - TC = P \cdot Q - (-0.5Q^2 + 360Q)$$
$$= 35200 + 3200 - 28800 = 9600$$

②ここでは平均費用価格形成原理によるので、$P = AC$

$$-2Q + 600 = -0.5Q + 360 \quad より、Q = 160$$

このときの P と x は(1)と同様に求めることができる。
$$P = -2 \times 160 + 600 = 280$$
$$\pi = TR - TC = 44800 + 12800 - 57600 = 0$$
③ここでは限界費用価格形成原理によるので、$P = MC$
$$-2Q + 600 = -Q + 360 \quad \text{より、} \quad Q = 240$$
このときの P と π は①と同様に求めることができる。
$$P = -2 \times 240 + 600 = 120$$
$$\pi = TR - TC = 22800 + 28800 - 86400 = -34800 \text{（損失）}$$

2 条件は4つ。
・既存・新規企業の間で技術面・費用面で条件は同一、同質の財を生産する
・埋没費用がない
・既存企業は新規参入が行われてもすぐには価格変更しない
・参入・退出が自由
　理由：たとえ自然独占が成立しても、潜在的参入者を意識し、経営することによって、独占者は独占を維持しようとすれば行動が制約され、結果的に価格と産出量の組合せは、独占者の収支が均衡し、社会的余剰が最大となるから。

3 収支均衡がまず前提。
総括原価主義：報酬の中から利息、配当金を支払うため、効率的経営へとインセンティブを与える一方、アバーチ・ジョンソン効果があらわれる可能性がある。
ピークロード料金：ピーク時の価格を相対的に高くし、需要を抑え、オフピーク時の価格を低くし、需要を増大させようとするもので、設備利用の効率化を狙っている。
プライスキャップ：インセンティブ規制の一つ。価格の上限を規制し、それ以下であれば自由に価格設定できる。企業は生産性の向上を迫られる一方、生産性上昇率を上回ることで、超過利潤を得ることができ、行政支出削減が期待される。
ヤードスティック：インセンティブ規制の一つ。同条件で生産供給をしている被規制企業同士で競争させ、企業の効率性上昇をうながす。赤字が大きくなれば企業は市場から撤退しなければならない。複数の地域でほぼ同じ費用構造で生産活動を行うので、被規制企業は、政府に正確な情報を報告しなければならない。

第6章

1 ①正：功利主義を唱えたベンサムによれば、(1)善とは幸福であり、幸福とは快楽が大きくて苦痛が少ないことであり、(2)個人は快楽を最大にし、苦痛

を最小にしようとするため、(3)社会にとって「正しい」行為とは、関係する人々の幸福を増進する行為である、したがって、(4)社会が目標とすべきことは、最大多数の人が最大の幸福を達成することである。
　②誤：ロールズは、人々の基本的自由を保証する第1原理（平等な自由原理）を最優先とし、続いて重要なものとして、機会均等原理において機会均等の整備の重要性を主張している。一方で、格差原理において最も恵まれない人の状態を改善するという格差原理に基づいて所得を再分配することを主張している。
2　論述のポイント：本文、図6-4について詳しく説明すること。介護サービスを受けるためには、申請をして、認定され、計画書が作成されて、はじめてサービスを受けることができるようになる。
3　正解②。

第7章

1　①誤：ダウンズは、自らの効用を最大化する利己的で合理的な投票者を想定していた。つまり有権者は、どの政党が自分にとって最も有利な結果をもたらすかを判断し、最大の効用を与えると予想される政党に投票するものと仮定されている。
　②正：なお、社会的選択ルールとして単純多数決投票が広く受け入れられていることについても彼らの研究を応用することができる。本文中に触れているように、過半数は、矛盾する提案が承認される可能性を排除するために必要な最小の人数である。このことは、意思決定費用を表す曲線が過半数のところで下にジャンプすることを意味している。なぜなら、過半数を下回る承認で提案を認めてしまうと、矛盾する提案が承認されることとなり、合意の形成が困難になり、意思決定費用が高くなるためである。このとき、合計の費用が過半数のところで最小となる可能性が高いことから、単純多数決投票が最適な社会的選択ルールとして選択される。
2　論述のポイント：広範性、パレート性、独立性（情報的効率性）および非独裁性を説明した後で、一般不可能性定理を記述する。厳密な証明については、奥野正寛・鈴村興太郎『ミクロ経済学II』岩波書店、1988年、を読んだ後に、鈴村興太郎『経済計画理論』〔第2版〕筑摩書房、1982年、を読むことをすすめる。また、佐伯胖『「きめ方」の論理』東京大学出版会、1980年、はこの定理についてわかりやすく説明している。
3　論述のポイント：選挙において、政党1（与党、あるいは現政権としよう）がすべての政策に賛成している場合、政党2（野党）は2つの政策に賛成し、いずれか一つの政策に反対する公約を掲げることで選挙に勝つことができる。というのも、3人の投票者のうち2人はどれか一つの政策が反対されること

で利益を得るからである。次の選挙において（野党となった）政党1は、一つの政策に賛成し、2つの政策に反対する公約を掲げることで政党2に勝つことができる。さらに次の選挙において、(再び野党となった) 政党2はすべての政策に反対する公約を掲げることで選挙に勝つことができる。しかしながら、すべての政策に反対する公約はすべての政策に賛成する公約に勝つことができない。このように、間接民主主義においても社会的な選考順序の循環が発生することが示された。

4 論述のポイント：図のように分布が複峰となっている場合、棄権行動の存在が政党の政策を中位点へと収束させない可能性がある。棄権が存在する場合、各政党は、政策を変化させることで追加的に得られる票数と、棄権により失ってしまう票数を比較して得票数を最大にするように政策を変更する。このとき、政策は最頻値（最も人数の多い政策）に吸い寄せられることとなる。図のように分布が複峰となっている場合、2つの政党の政策はそれぞれの最頻値にとどまる可能性がある。このような場合、政権交代は大きな政策転換を伴うこととなり、政治的に不安定となることが予想される。

第8章

1 ①誤：「社会生活の場から表出される種々の利益や問題を体系化し、政策に変換する」という機能は、政党が果たすべき「利益集約機能」と呼ばれるものである。利益集団の基本的機能は、社会に存在する利益や要求などのさまざまな利害対立を、政治が取り組むべき政治課題としてとりあげる「利益表出機能」といわれる。

②正：オルソンは、共通利益を有する集団と定義される利益集団において、大規模集団になるほどフリー・ライダーが出現するために利益集団の形成が困難であることを示した。

2 論述のポイント：図8-2を参照のこと。「もともと独占的な産業」は独占価格 P_m を実現している。一方、「もともと競争的な産業」は競争価格 P_c を実現している。政府はこれらの産業に対して規制をかけることにより、より上方の無差別曲線に到達することができるため、規制をかけるインセンティブを有する。寡占産業は P_r 付近の価格を実現しているため、新たに規制をかけるインセンティブは大きくない。

3 論述のポイント：まず、官僚が予算規模最大化行動をとると想定して予算が拡大傾向にあることを示したモデルとして、ニスカネン・モデルがある。一方、予算規模最大化に加え、予算規模と費用との差額である裁量的財政余剰も考慮したミグー=ベランジャー・モデルがある。ミグー=ベランジャー・モデルにおいては、予算が拡大傾向にあることが示されると同時に、裁量的財政余剰の発生に伴う予算の浪費（X-非効率性）が発生する可能性が示される。

第9章

1 ③、⑤。
　①誤：地域公共財に関する「足による投票」理論は、地域住民が自分の選好に合う地方公共財を提供する地方政府まで自由に移動することによってパレート最適を満たす地方公共財の提供が可能であるとした。
　②誤：地方公共財ではなく価値財を示している。
　③正
　④誤：クラブ財などの地域公共財は、その地域（クラブ）に入らなければその便益を享受できない。
　⑤正

2 論述のポイント：わが国の公共部門に関して、いくつかの具体例をあげながらこれらの手段の適用可能性を論じること。先駆的にこれらの取り組みがなされているイギリスやニュージーランドでは、有料道路、橋梁の建設や廃棄物処理場などにもPFIが活用されていたり、博物館、図書館、教育・研究機関をはじめ旅券発行、社会保障給付、土地登記などの事業部門をエイジェンシー化している例がある。

重要用語解説

ア 行

足による投票（voting with the feet）　地域公共財に関する「足による投票」は、地域住民が自分の選好に合う地方公共財を提供する地方政府まで自由に移動することによってパレート最適を満たす地方公共財の提供が可能であることを示したものである。⇒ p. 175.

アローの一般不可能性定理（Arrow's general impossibility theorem）　民主主義に要求される基本的な性質を満たしつつ、人々の選好を集計して社会的な合意を形成することが不可能であるということを厳密な形で証明した定理。アローにより示された。より厳密には、2人以上の人々から成り立つ社会が3つ以上の選択肢について社会的意思決定を行うとき、広範性、パレート性、独立性、非独裁性をすべて満たす社会的選択ルールは存在しない、とされる。⇒ p. 142.

医療保険、介護保険、公的年金　社会保障制度の中の社会保険を構成する保険制度。医療保険は国民皆保険制度となっており、介護保険は高齢化の対策として、2000年から導入された。公的年金は今のままでは、高齢化に伴う人口構造の変化に対応できなくなると予想され、改革が急務である。⇒ p. 120.

インセンティブ規制（incentive regulation）　被規制企業に対し、経営の効率化、技術革新のインセンティブをより多く与え、企業の効率化を促進させるためにとられる規制方式。⇒ p. 95.

エイジェンシー化　政府が提供している財・サービスの中で私的財としての性格が強いが、民営化にはなじまないものについて、企画立案部門と執行部門を切り離し、執行部門を独立した機関として弾力的な運営を認める方式である。これらの機関では、設定した中期目標に従い3年程度の中期予算を組み、弾力的・効率的な予算運用をはかるとともに、採算性を重視した企業会計への移行が求められる。⇒ p. 185.

カ 行

外部性（externalities）　ある経済主体の経済活動が他の経済主体の経済活動に影響を与えること。プラスの影響を与えることを外部経済といい、マイナスの影響を与えることを外部不経済という。⇒ p. 65.

環境汚染（environmental pollution）　国連経済社会理事会において「人間の行為によって、環境の構成部分や状態が変化して、元のままの場合よりも、人間がその環境を用いるのに具合が悪くなったとき、環境は汚染したと定義される」と位置づけられている。⇒ p. 82.

間接民主主義（議会制民主主義）（representative democracy）　有権者が選んだ代表の組織する議会において政治決定を行う政治システムをいう。議会制民主主義、代議制民主主義ともいう。国会議員の選出や都道府県議会議員選挙、市町村議会議員選挙などがこれに相当する。⇒ p. 147.

技術的外部効果（technological external effects）　外部性が市場メカニズムを通さずプラスの効果を示す場合で利益を算定できるような効果をいう。⇒ p. 67.

機能的分配（functional distribution）　生産活動に対して各生産要素が果たす機能という視点からみた所得分配。労働、資本、土地といった生産要素の価格がどのように決定され、所得としてその所有者に分配されるかを分析する。市場経済において、生産要素の価格はその生産要素の限界価値生産物に等しく決定されるため、「社会への貢献の度合いに応じた分配」が保証されることとなる。⇒ p. 111.

規模の経済（economies of sale）　生産規模を拡大させたとき、産出量が規模の拡大以上に増大されること。⇒ p. 89.

競合可能市場（コンテスタブルマーケット）（contestable market）　新規参入・退出に対しては埋没費用がなく、潜在的新規参入の圧力によって適正な価格が設定されると考えられている市場。⇒ p. 104.

金銭的外部効果（pecuniary external effects）　外部性が市場メカニズムを通じて価格を変化することによって影響を与える効果をいう。⇒ p. 67.

限界費用価格形成（marginal cost pricing）　限界費用＝価格とする価格設定方式。巨大な設備産業で、費用逓減の特性を持つ公益企業では、限界費用が平均費用を下回るので、価格を限界費用に設定した場合は、政府が財政支出をして補塡する。⇒ p. 67.

公害（public nuisance/pollution）　日本の公害対策基本法第2条では「事業活動その他の人の活動に伴って生ずる相当範囲にわたる大気汚染、水質汚濁、土壌の汚染、騒音、振動、地盤の沈下および悪臭によって、人の健康又は生活環境に関わる被害が生ずることをいう」と定義されている。そこでの生活環境については「人の生活に密接な関係のある財産並びに人の生活に密接な関係のある動植物およびその生育環境を含むものとする」とされている。⇒ p. 81.

公共選択論（public choice）　非市場の意思決定に関する経済学的な研究、あるいは単に経済学の政治学への応用と定義される。個々の経済主体ないし政治主体を自らの利益を最大化するような利己的で合理的な主体としてとらえ、非市場における意思決定を分析対象とする。⇒ p. 135.

公共料金（public (fee) charge）　政府の規制を受ける公益性の強い財・サービスの価格や料金。電気、水道料金など。⇒ p. 87.

厚生経済学の基本定理（fundamental theorem of welfare economics）　完全競争経済が市場メカニズムによって、自動的にパレート最適な資源配分を達成す

ることを示した定理。厳密にはこれは第1定理といわれる。厚生経済学の基本定理の第2定理は、「任意のパレート最適な資源配分は、初期保有量を適当に再配分することにより、市場均衡として達成される」ことを示している。⇒ p. 38.

合理性（rationality）　xとyという2つの選択肢が与えられたときに、xがyより好ましいか、yがxより好ましいか、もしくは同等であるという判断ができることをいう。推移性と合わせて、個々人や社会の意思決定が整合的であるための前提条件となる。⇒ p. 142.

コースの定理（the Coase theorem）　コースが政府の介入なしで、民間の経済主体に任せることによって、外部性における市場の失敗を解決することができることを示したものである。これは、外部不経済が発生させる対象に対して所有権と損害賠償責任ルールが適切に設定されており、交渉のための取引費用が発生しなければ、どちらに法的権利が与えられようとも当事者間の自発的交渉によって、同じ資源配分をもたらし、効率性を実現する内容である。⇒ p. 70.

国民負担率　国民所得に占める租税負担額の割合を「租税負担率」といい、国民所得に占める社会保険料負担額の割合を「社会保障負担率」と呼ぶ。これら2つを合計したものを国民負担率と呼ぶが、わが国では租税負担率が22.9％、社会保障負担率が15.5％、国民負担率が38.3％となっている。これに潜在的な租税負担と考えられる「国と地方の財政赤字」8.6％を加えた46.9％が「潜在的国民負担率」と呼ばれる（データはいずれも2002年度）。⇒ p. 14.

サ 行

裁量的財政余剰（discretionary budget）　公的なサービスに対して政府が承認しうる最大の予算とそのサービスを実現するために必要な最小の費用の差額をさし、官僚が裁量的に利用できる予算をいう。官僚の行動目的としてミグーとベランジャーによって提唱された。彼らは、官僚が裁量的財政余剰を行動目的とすることにより、公的なサービスは効率的に生産されず、裁量的財政余剰の発生に伴う予算の浪費が発生することを指摘した。⇒ p. 167.

サミュエルソン条件（Samuelson rule）　「公共財の供給がパレート最適ならば、個人の限界代替率の和が限界変形率に等しい」という最適な公共財供給に関する条件。⇒ p. 50.

市場均衡（market equilibrium）　市場において企業の供給曲線と個人の需要曲線の交点で表される。均衡では、均衡取引量と均衡価格が決まる。⇒ p. 32.

市場の失敗（market failure）　限られた資源が市場メカニズムにおいて効率的に資源配分されると最適な資源配分の状態、つまりパレート最適な資源配分が達成される。しかし、外部性がある場合や公共財の場合、収穫逓増の場合、そして情報が不完全な場合はパレート最適な資源配分は達成されない。これを市場の失敗という。⇒ p. 40, p. 65.

自然独占（natural monopoly）　規模の経済性が存在すると市場が1社で独占されやすい状態となる。そのようになった状態。⇨ p. 90.

ジニ係数（Gini coefficient）　ローレンツ曲線において、完全平等線とローレンツ曲線で囲まれる部分の面積を完全平等線の下側にある三角形の面積で割ったものとして計算される。ローレンツ曲線が交差する場合の所得分配についてもその不平等度を比較することができる。ゼロに近いほど平等で、1に近いほど不平等となる。⇨ p. 114.

社会厚生関数（social welfare function）　社会厚生（経済全体の厚生）と各個人の効用との関係を表す曲線。何らかの価値判断を表現するために用いられ、経済政策を行う際の目的関数となる。社会厚生関数を考えることにより、各個人の効用から求められる社会厚生を実数値として順序づけることができる。バーグソンとサミュエルソンによって提唱された。社会厚生関数にはベンサム型やロールズ型など、公平性に対する価値判断に応じてさまざまな定式化がなされる。⇨ p. 115.

社会資本（social overhead capital）　社会資本の定義は統一的な概念規定はないが、経済審議会社会資本研究委員会では「私的な動機による投資のみに委ねているときには、国民経済社会の必要性からみて、その存在量が不足するかあるいは著しく不均衡になる資本」と定義している。また、直接生産に結びつく生産資本に対して間接的に生産力を高める機能を有する社会的間接資本であるとの考えや人間生活に必要な財であり、共同消費性、非排除性の財の性質から市場機構で十分な供給を期待できない財である考え方、そして事業の主体に注目した公共主体により整備される財の考え方がある。⇨ p. 59.

人的分配（personal distribution）　種々の異なった生産要素の所有者としての個人ないしは家計（世帯）という視点からみた所得分配。生産要素ごとの価格の決定ではなく、種々の生産要素の所有者としての人に注目する。所得の階層的分布とも呼ばれ、ローレンツ曲線やジニ係数などを用いて計測される。⇨ p. 112.

推移性（transitivity）　x, y, zという3つの選択肢が与えられたときに、もしxがyより好ましく、yがzより好ましいならば、xはzより好ましいという判断が成り立つことをいう。合理性と合わせて、個々人や社会の意思決定が整合的であるための前提条件となる。⇨ p. 143.

政策目標のベンチマーク化（benchmarking）　戦略計画を明確化するとともに、個々の政策領域ごとの目標を数値化して示し、これを実現するための施策と個別事業との明確なリンクをつけることである。数値目標（ベンチマーク）の設定にあたっては、住民のニーズを的確に反映させることが必要となる。ベンチマーク化により、政策効果や政策目標の達成水準を客観的に示すことができたり、予算とリンクすることで政策ごとのコストや有効性を適正に管理すること

ができる。⇒ p. 185.

政治過程（political process）　政府、官僚、利益集団、有権者などの政治主体が、自らの利益の最大化を目的として行動し、相互に作用し合う過程をいう。政治現象を政治的制度そのものととらえるよりも、政治的制度を所与としたうえでの各政治主体の相互作用としてとらえる場合に用いられる。⇒ p. 135.

政府の失敗（government failure）　公共財、外部性、費用逓減産業、不完全競争などのさまざまな市場でパレート最適が成立せず、効率的な資源配分が阻害されてしまう状況を市場の失敗と呼ぶのに対し、これらの市場の失敗を解決する役目を担う政府もまた効率的な資源配分の実現に失敗してしまう状況をさす。政府が失敗する要因として、不完全情報、インセンティブの無視、利益集団や官僚の存在などがあげられる。⇒ p. 153.

総括原価主義（full-cost principle）　能率的な経営をしていることが前提となっている。原価に予定利潤を加えたものを総括原価と定義している。⇒ p. 98.

租税の直間比率　所得税や資産税などの納税義務者と実際の税負担者が一致している税を直接税と呼び、消費税や個別物品税などそれらが異なる税を間接税と呼ぶ。直間比率とは税収に占める直接税収入と間接税収入の割合をいい、わが国では国税で約6：4、地方税では約8：2となっている。⇒ p. 11.

タ行

多数決投票（majority voting）　複数の選択肢に対して最も多くの人が投票した選択肢を社会的合意として採用するという社会的選択ルール。選択肢が2つの場合を単純多数決投票と呼ぶ。単純多数決投票の場合、ある選択肢 x を別の選択肢 y よりも好ましいと考える人の数が、y を x よりも好ましいと考える人の数を上回るとき、そしてそのときにのみ、x は y よりも好ましいと判定することとなる。⇒ p. 138.

ただ乗り（フリー・ライダー）（free rider）　公共財の持つ非排除性と非競合性という性質のために、対価を支払わない人でも公共財を消費することができるために起こる問題。⇒ p. 47.

単峰性（single-peaked preference）　投票者の選好に対する仮定で、各投票者が財・サービスに関してただ一つの最適水準を持っており、その水準から離れるほど効用が低下するという仮定。社会的選択に関する投票のパラドックスが発生しないために必要な仮定となる。⇒ p. 145.

地方公共財（local public goods）　ある一定の地域の下で供給される公共財のことをいう。⇒ p. 172.

地方交付税　地方政府間の均衡化をはかるための地方財政調整制度の一つであり、国税3税（所得税、法人税、酒税）などの税収の一定割合を財源として、地方政府の財政需要（基準財政需要）と標準的な税収である基準財政収入との

差額に応じて配分する。⇒ p. 24.

中位投票者定理（median voter theorem）　選択肢が一つで、すべての投票者の選好が単峰性を満たしているとき、多数決投票による社会的選択は、中位投票者の選好に一致することを示した定理。この定理を応用すると、小選挙区で二大政党が争う選挙において、政党の政策は有権者の大多数が支持する中道的政策に収束するということが示唆される。⇒ p. 144.

直接民主主義（direct democracy）　有権者が投票などにより直接的に政治決定に参加する政治システムをいう。国民投票や都道府県知事選挙、市町村長選挙などがこれに相当する。⇒ p. 147.

ティブー仮説（Tiebout hypothesis）　ティブーによって提示された仮説で、地方公共財が数多くの地方政府に提供されると完全競争市場の私的財の配分と同様のパレート最適に配分されるメカニズムがはたらく仮定である。具体的仮定の内容は第9章1節4項「地域公共財の最適供給に対する仮説：ティブー仮説」を参照のこと。⇒ p. 175.

投票のパラドックス（paradox of voting）　単純多数決投票という民主的な社会選択ルールによって社会的な合意を形成することができない場合のあることを示した逆説。コンドルセは3人の投票者と3つの選択肢がある場合において、投票の結果としての社会的選択が循環（多数派のサイクル）してしまうことを示した。投票のパラドックスが発生しないためには、投票者の選好が単峰性の仮定を満たしていなければならない。⇒ p. 140.

独占レント（monopoly rent）　レントのうち、政府などの公的な権力による規制や保護といった参入障壁の存在により独占企業にもたらされるレントをさす。⇒ p. 157.

ナ 行

内部収益率法（internal rate of return method）　異時点間の純便益の割引現在価値の総和がゼロになるような割引率を計算し、その割引率が市場利子率よりも高ければ、公共財の供給（たとえば公共プロジェクト）を実施すると判定するものである。⇒ p. 58.

二部料金（two-part pricing）　基本料金と従量料金から構成されている。電力、電話などがこの例である。⇒ p. 95.

ニュー・パブリック・マネジメント（New Public Management：NPM）　民間企業の経営理念や手法、成功事例などを行政運営の現場に導入し、行政部門の効率化・活性化をはかろうとする試み。政府部門に行政評価、政策評価などの評価システムを導入したり、現業部門の民営化、執行機関のエイジェンシー化などを行うなどの手段により公共部門の改革、効率化を進めることを目的としている。⇒ p. 180.

ハ 行

排出権取引市場（emissions trading market） 生産過程で環境汚染物質をつくり出す財は、環境汚染物質というマイナスの財と本来生産目的であった財の2つを結合した財と考え、環境汚染物質のマイナスの財に対して市場をつくり、外部性を市場メカニズムにとり入れる。その市場が排出権取引市場であり、環境汚染物質を排出する権利の取引を行うところである。⇒ p. 79.

パレート最適（Pareto optimum） パレート効率ともいう。イタリアの経済学者パレートが提案した社会的厚生を測る尺度。「他人の効用を減らすことなしに、誰の効用も増加させることができないような資源の生産物間の配分および生産物の個人間の配分」が最適な（効率的な）資源配分であるとした。必要条件は $MRS^A = MRS^B = MRT$。⇒ p. 36.

PFI（Private Finance Initiatives） 公共部門が建設し運営してきた公共施設や公的サービスの提供を民間企業に委ねることにより、民間の資金や経営のノウハウなどを活用する手法である。公共部門が民間事業者に対してサービス提供の許可権を与え、民間事業者が施設などの設計、建設、管理などを一括して行うものや、民間事業者と公共部門が協働して施設整備、運営を行うものとがある。また、提供されるサービスを公共部門が買い取るもの、料金収入により独立採算を行うもの、一部公的な財政支援を行うものなどさまざまな方式がある。⇒ p. 185.

ピークロード料金（peak load pricing） 需要のピーク期とオフピーク期で価格設定を分け、設備利用の効率化と費用負担の適正化を狙っている。⇒ p. 99.

非競合性（non-rivalness） 公共財が持つ性質の一つ。ある人が公共財を消費したからといって、別の人が消費できなくなることはなく、消費量が減ることもないような性質。道路、橋、防衛、警察などはこの性質を持つ。⇒ p. 45.

ピグー税（Pigovian tax） ピグーによって提唱された税で、社会的最適な生産量の私的限界費用と社会的限界費用の差に等しい税額を外部経済および外部不経済を発生させている当事者へ課す税率である。⇒ p. 76.

非排除性（non-excludability） 排除不可能性ともいう。公共財が持つ性質の一つ。対価を支払っていないからといって、その人を消費から排除することが事実上できないような性質。公園、ごみ処理、警察、防衛などはこの性質を持つ。⇒ p. 45.

費用逓減産業（decreasing cost industry） 市場で生産している規模において、平均費用が常に逓減している産業のこと。自然独占とほぼ同じ意味で使われる。⇒ p. 88.

費用便益比率法（benefit cost ratio method） 各時点の便益から費用を差し引いた純便益から現在価値を計算するのではなく、費用と便益それぞれについて

現在割引価値を計算したうえで費用便益の比率を求めるものである。費用便益比率の値が1よりも大きければ公共財の供給を実施し、1より小さければ実施しない。⇨ p. 58.

費用便益分析（cost-benefit analysis）　公共サービスの評価を取り扱う最も有力な方法である。これは、公共サービスを提供する際に生み出す社会的便益の現在から将来までの割引現在価値が公共サービスの費用を上回るとき、その公共サービスを行う計画を実行することが望ましいと判断する分析である。さまざまな業績評価に適用可能である。⇨ p. 54.

プライスキャップ（価格上限規制）（price cap regulation）　価格の上限を規制し、それ以下であれば企業が自由に価格設定できる価格規制方式。インセンティブ規制の一つ。⇨ p. 102.

プライス・テイカー（price taker）　価格受容者ともいう。市場への参加者が多数であるために、個々の売り手と買い手の行動は市場価格に何ら影響を与えない。完全競争市場が成立するための条件の一つである。⇨ p. 29.

平均費用価格形成（average cost pricing）　平均費用＝価格とする価格設定方式。収支均衡という意味では優れた価格設定方式である。⇨ p. 95.

ベンサム型社会厚生関数（Benthamite social welfare function）　功利主義に基づく社会厚生関数。「最大多数の最大幸福」を提唱したベンサムの功利主義を定式化したもので、典型的には、各個人の効用の総和によって示される。⇨ p. 116.

ボーモル=オーツ税（Baumol-Oates tax）　ボーモルとオーツによって提唱されたものである。これは、限界外部費用が等しい税金（ピグー税）を課すことをせずに、何らかの科学的見地から得られた環境基準や汚染の許容水準により目標とする汚染排出量を決め、それが実現するように税率を変化させて調整をするものである。一般にピグー税よりも適用しやすい税とされている。⇨ p. 78.

マ 行

埋没費用（サンクコスト）（sunk cost）　投資した資本のうち、市場から撤退する際に回収することができなくなった資産の額。⇨ p. 104.

ヤ 行

ヤードスティック（yardstick regulation）　インセンティブ規制の一つ。直接市場において競争関係にない企業を、ある指標（ヤード）において比較し、企業の効率性を促進する規制方式。⇨ p. 103.

欲望の二重の一致（double coincidence of wants）　物々交換において、欲しい物を手放し、手放したいものを欲するというように、交換をする2人の欲望が双方ともに一致しなければ交換が成立しないこと。⇨ p. 34.

予算規模最大化行動（budget-maximizing behavior）　消費者にとっての効用最大化行動や企業にとっての利潤最大化行動に相当する官僚の行動目的の一つで、官僚は、俸給や職務からの臨時収入、公の評判、権力、後援などを行動目的としており、これらは予算規模に比例するため、予算規模の拡大を行動目的とするという考え方。ニスカネンによって提唱された。彼は、官僚がこのような行動をとることにより、政府による公的なサービスの供給が過剰となり、予算（財政赤字）の拡大がもたらされることを指摘した。⇒ p. 165.

ラ 行

ラムゼイ料金（Ramsey pricing）　収支均衡を前提とし、総余剰を最大化するような料金。⇒ p. 96.

利益集団（interest group）　経済的利益やイデオロギーなど何らかの利益を共有する人々が自分たちの利益になるように社会的活動を展開するための集団。利益団体、圧力団体ともいう。利益集団は政治過程において不可欠な要素となっている。間接民主主義において補完的な機能を果たす一方、特定の利益集団に利益をもたらすように政府を誘導するという側面を持つ。⇒ p. 154.

レント（rent）　もともと、地主に支払われる地代を意味する。土地や免許など、その供給量が制限されている財・サービスについては、企業の参入がその希少性によって制限されているために競争メカニズムがはたらかず、供給者には超過利潤が発生する。この超過利潤のことを一般にレントという。⇒ p. 156.

レントシーキング（rent seeking）　企業や利益団体、さらには政治家、官僚などが規制や保護を通じたレントの獲得をめざして政治過程にはたらきかけることをいう。レントシーキングは、規制や保護自体が経済にもたらす厚生損失に加え、生産に向けることのできた希少な資源を浪費してしまうという意味で、社会厚生をさらに低下させてしまう。一方で、当初の状態が非効率的な場合には、レントシーキングにより社会厚生が改善されることもある。⇒ p. 156.

ロールズ型社会厚生関数（Rawlsian social welfare function）　ロールズ主義に基づく社会厚生関数。「最も恵まれない人々の所得を最大にする」というロールズの主張を定式化したもので、マクシミン原理により示され、社会厚生は最も恵まれない人の効用に一致することとなる。⇒ p. 119.

ローレンツ曲線（Lorenz curve）　累積世帯比率と累積所得比率の関係を表す曲線で、所得分配の不平等度を描いた曲線。所得分配が均等なとき、ローレンツ曲線は原点を通る傾き 1 の直線（完全平等線）となり、不均等になるほどその直線から遠ざかる。⇒ p. 113.

ワ 行

割引現在価値（present discounted value）　異時点間（多期間）にわたって生じ

る便益や費用に対して、割引率を用いて将来の値を割り引いて現在価値に直したもの。⇨ p. 56.

【編著者略歴】

西垣泰幸（にしがき・やすゆき）
1956 年　兵庫県に生まれる
1979 年　大阪府立大学経済学部卒業
1985 年　名古屋大学大学院経済学研究科満期退学
　　　　　名古屋大学助手、四日市大学助教授などをへて
現　在　龍谷大学経済学部教授
〔主要業績〕
『財政学』（八千代出版：共著）、"Inefficiency of Private Constant Annuities"（The Journal of Risk and Insurance：共著）など。

公共経済学入門

2003 年 9 月 20 日第 1 版 1 刷発行

編著者――西　垣　泰　幸
発行者――大　野　俊　郎
印刷所――壮　光　舎　印　刷
製本所――美　行　製　本
発行所――八千代出版株式会社
　　　　　〒101-0061　東京都千代田区三崎町 2‐2‐13
　　　　　TEL　03-3262-0420
　　　　　FAX　03-3237-0723
　　　　　振替　00190-4-168060
　　＊定価はカバーに表示してあります。
　　＊落丁・乱丁本はお取替えいたします。

Ⓒ　2003 Printed in Japan
ISBN4-8429-1298-7 C3033